Ilka Sokolowski

Mein Niedersachsen

Ein Erlebnis-Reiseführer

Illustrationen
von Dunja Schnabel

GERSTENBERG

Die obere Einbandabbildung zeigt eine Kutschpartie im niedersächsischen Wattenmeer zwischen Cuxhaven und der Insel Neuwerk, die untere Abbildung Kinder in der Autostadt Wolfsburg.
Auf der Einbandrückseite ist oben Schloss Bückeburg abgebildet, unten Junior Ranger vor der ostfriesischen Küste.

Ilka Sokolowski wurde 1965 in Stadthagen geboren. Nach dem Studium der Germanistik, Anglistik und Philosophie in Hannover arbeitete sie mehrere Jahre als Redakteurin der Zeitschrift *spielen und lernen* und als Lektorin der »Treff-Jugendbücher«. Seit 1998 ist sie als freiberufliche Autorin mit dem Schwerpunkt Kindersachbuch in der niedersächsischen Landeshauptstadt tätig.

Dunja Schnabel, 1970 in Bensberg geboren, studierte Buchgestaltung und Illustration in Mainz. Sie hat bereits mehrere Kinder- und Schulbücher illustriert und arbeitet heute erfolgreich als freiberufliche Illustratorin. Sie lebt mit ihrer Familie in Hamburg.

Copyright © 2015 Gerstenberg Verlag, Hildesheim
Alle Rechte vorbehalten.
Gesamtgestaltung und Satz
Farnschläder & Mahlstedt, Hamburg
Druck Interak, Czarnków
Printed in Poland
www.gerstenberg-verlag.de
ISBN 978-3-8369-5586-7

Dieses Buch möchte Kinder neugierig machen, was es alles in Niedersachsen zu entdecken gibt. Die Klosterkammer Hannover und die Stiftung Heimat Niedersachsen haben mit ihrer Initiative und freundlichen Unterstützung zur Entstehung dieses Buches beigetragen.

KLOSTERKAMMER HANNOVER

STIFTUNG HEIMAT NIEDERSACHSEN
Heimat · Kultur · Natur

Wir danken dem Niedersächsischen Heimatbund e. V. für die fachliche Beratung.

Das Niedersachsen-Pferd

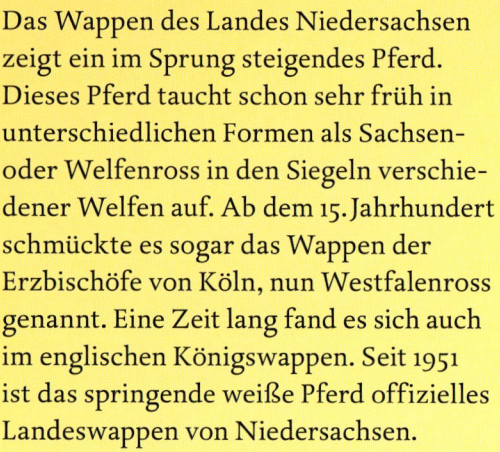

Das Wappen des Landes Niedersachsen zeigt ein im Sprung steigendes Pferd. Dieses Pferd taucht schon sehr früh in unterschiedlichen Formen als Sachsen- oder Welfenross in den Siegeln verschiedener Welfen auf. Ab dem 15. Jahrhundert schmückte es sogar das Wappen der Erzbischöfe von Köln, nun Westfalenross genannt. Eine Zeit lang fand es sich auch im englischen Königswappen. Seit 1951 ist das springende weiße Pferd offizielles Landeswappen von Niedersachsen.

Inhalt

Niedersachsen – ein Bundesland mit vielen Gesichtern

Wie gut kennst du dein Niedersachsen? Bestimmt weißt du, dass die Landeshauptstadt Hannover heißt. Vielleicht hast du auch schon einmal auf dem höchsten Berg gestanden, dem Wurmberg im Harz. Doch vom südlichsten Zipfel Niedersachsens bis hinauf zur Nordseeküste, vom Harz bis zur niederländischen Grenze gibt es noch eine ganze Menge mehr zu entdecken! Niedersachsen ist das zweitgrößte Bundesland nach Bayern.

Einige der spannendsten Landschaften und Städte haben wir schon mal für dich ausgekundschaftet. Unsere Erkundungstour beginnt in Südniedersachsen, führt uns in die Region Braunschweig und dann in die Region um Hannover. Von dort machen wir uns auf den Weg in die Lüneburger Heide und ins Wendland, reisen weiter zum Elbe-Weser-Dreieck, in die Region Weser-Ems und hinaus auf die Inseln.

Zur besseren Orientierung findest du vor jedem Kapitel eine Übersichtskarte der jeweiligen Region. Dort sind die wichtigsten Ziele eingezeichnet.

Zwischendurch schauen wir uns noch genauer an, was Niedersachsen besonders macht: Tiere und Pflanzen, Industrie und Wirtschaft, typisch niedersächsische Bräuche, Trachten und Sprachen beispielsweise.

Aber auch Niedersachsens Geschichte wollen wir näher beleuchten. Vielleicht tauchen dabei Begriffe auf, die du noch nicht kennst. Sie sind aber wichtig und werden im Zusammenhang mit den Ereignissen, auf die sie sich beziehen, erklärt.

Wie ist unser Bundesland überhaupt entstanden? Und was war hier los, bevor es das Land Niedersachsen gab? Schau einmal auf Seite 60/61 nach: Hier kannst du dich auf eine Zeitreise durch 300 000 Jahre begeben.

Eine Menge interessanter Menschen werden dir begegnen: Jäger, die durch die Wildnis der Altsteinzeit streifen, Römer und Germanen, die sich erbitterte Kämpfe liefern, mächtige Herrscher wie Karl der Große und Heinrich der Löwe, aber auch die einfachen Leute mit ihrem Erfindungsreichtum im Kampf um das tägliche Brot. Das spätere Niedersachsen wurde nicht verschont von Glaubenskriegen, wirtschaftlicher Not,

Guck mal, wie groß
Niedersachsen ist!
Wie viele Quadratkilometer
das wohl sind?

Schleswig-
Holstein

Mecklenburg-
Vorpommern

Bremen

Hamburg

Berlin

Niedersachsen

Brandenburg

Nordrhein-
Westfalen

Sachsen-
Anhalt

Sachsen

Hessen

Thüringen

Rhein-
land-
Pfalz

Bayern

Saarland

Baden-
Württemberg

**Die größten Städte
Niedersachsens
nach Einwohnern:**

Hannover	520 000
Braunschweig	248 000
Osnabrück	156 000
Oldenburg	160 000

Auswanderungswellen und den Auswirkungen der beiden
Weltkriege. Es war ein langer Weg, bis Niedersachsen 1949
zum Bundesland der Bundesrepublik Deutschland wurde.
Und seitdem ist natürlich schon wieder eine Menge passiert,
denn Niedersachsen steht nicht still, sondern ist sehr lebendig!

Unser Bundesland hat viele Gesichter, so vielfältig und spannend wie die
rund acht Millionen Menschen, die hier leben. Manche sprechen sogar eine
eigene Sprache! Schau einmal auf die Einleitungsseiten zu jeder Region.
Falls du die Sätze dort nicht auf Anhieb verstehst, findest du jeweils unten
auf der Seite die Übersetzung und erfährst auch, in welcher Region diese
Sprache gesprochen wird. Alle Sätze der Kinder sind Varianten des Platt-
deutschen mit regionaler Färbung. Außerdem haben sich unsere Kinder-
reporter ein paar Rätsel für dich ausgedacht. Die Auflösungen stehen auf
Seite 64.

Natürlich kann dir dieses Buch nur einen ersten Einblick von der Vielfalt Niedersachsens geben und will dich vor allem neugierig machen. Vielleicht wirst du deine Umge-
bung mit neuen Augen sehen und machst ungeahnte Entdeckungen.

Und falls du dann Lust bekommst, Niedersachsen noch besser
kennenzulernen, kannst du am Ende des Buches eine Liste
mit einer Auswahl vieler interessanter Erlebniswelten und Museen
durchstöbern, die wir auf unseren Streifzügen entdeckt haben.

Schleswig-Holstein

Elbe

Bremer-haven

Hamburg

Ems-Jade-Kanal

Weser

Bremen

Ems

Küstenkanal

Hameln

Elbe-Seitenkanal

Goslar

Dortmund-Ems-Kanal

Weser

Aller

Mittelland-kanal

Bodenwerder

Holzminden

Mittelland-kanal

Weser

Göttingen

Nordrhein-Westfalen

Wo Werra sich und Fulda küssen
Sie ihre Namen büssen müssen.
Und hier entsteht durch diesen Kuss
Deutsch bis zum Meer der Weser Fluss

Hann. Münden d. 31. Juli
1899.

Thüring

Hannoversch Münden

Hessen

Herzberg

Hier waren Deutschland und
Europa bis zum 25. November 1989
um 12.30 Uhr geteilt

Duderstadt

Sachsen

Südniedersachsen

Zwischen Harz und Weser

Südniedersachsen ist reich an Geschichte und geprägt von landschaftlichen Besonderheiten. Im Osten ragt der Harz auf mit dem höchsten Gipfel Niedersachsens, dem 971 Meter hohen Wurmberg. Im Westen fließt die Weser an alten Fachwerkstädten vorbei.

Wir starten in Duderstadt, wo einst die Grenze verlief, die Deutschland nach dem Zweiten Weltkrieg in zwei Teile trennte. Auf eine ganz andere Geschichte blickt die Universitätsstadt Göttingen zurück, in der seit der Gründung vor fast 300 Jahren Tausende Wissenschaftler geforscht und gelehrt haben.

Bei Hannoversch Münden vereinigen sich die Flüsse Werra und Fulda zur Weser, die sich auf ihrem Weg nach Norden durch mehrere Gebirgszüge mit großen Sandsteinvorkommen schlängelt. Sandstein ist ein wichtiges Baumaterial in der Region, in der sich sogar ein eigener Baustil entwickelte. Diese sogenannte Weserrenaissance schauen wir uns in Hameln genauer an.

Dann geht es zurück an den Nordrand des Harzes. Silber machte Goslar einst zu einer reichen Stadt. Wir wollen herausfinden, was es mit dem Harzer Wasserregal auf sich hat. Neugierig geworden? Dann kann es losgehen!

Köönt wi aak up Kanonenkaulen riën?*

* Können wir auch auf Kanonenkugeln reiten?
So heißt es auf Plattdeutsch in Göttingen.

Im Grenzland

Kaum zu glauben, aber wahr: Mitten durch Deutschland verlief als eine Folge des Zweiten Weltkriegs einmal eine Grenze. Von 1945 an teilte sie das Land mehr als 40 Jahre lang in die Bundesrepublik Deutschland, die BRD, im Westen und in die Deutsche Demokratische Republik, die DDR, im Osten. Besonders betroffen waren Städte und Dörfer, die direkt an dieser Grenze lagen. Die frühere Nachbarschaft befand sich plötzlich unerreichbar auf der anderen Seite, Freunde und Verwandte wurden voneinander getrennt. Bei **Duderstadt/Worbis** gab es einen Grenzübergang. Wie das damals war, kannst du im Grenzlandmuseum Teistungen in der Nähe von Duderstadt nacherleben. Es befindet sich zwar in Thüringen, zeigt aber auch niedersächsische Grenzgeschichte.

Ehemalige Grenze im Eichsfeld

Heinrich I.

Bei Pöhlde, einem Ortsteil von Herzberg, ruht auf dem Rücken des Rotenberges **Heinrichs Vogelherd**. Hinter dieser merkwürdigen Bezeichnung verbergen sich Reste einer Burganlage aus dem 10. Jahrhundert. Der Sachsenherzog Heinrich soll sich häufig dort aufgehalten haben, um Jagd auf Vögel zu machen. Vogelherde nannte man die Stellen, wo viele verschiedene Vögel gefangen wurden.

Hast du schon mal von einem Ort namens Gutingi gehört? 953 wird er in einer Urkunde das erste Mal erwähnt. Heute heißt er **Göttingen** und ist einer der bedeutendsten Universitätsstandorte von ganz Deutschland. Viele kluge Menschen haben hier studiert und gelehrt, zum Beispiel Carl Friedrich Gauß, einer der bedeutendsten Mathematiker aller Zeiten.

Carl Friedrich Gauß (1777–1855)

Kann man damit bezahlen?

Aus dem Ort des Schreckens ist ein Naturschutzgebiet geworden.

Sieben weitere Göttinger Professoren erregten 1837 großes Aufsehen: Die beiden Brüder Wilhelm und Jacob Grimm (ja, die mit den Märchen!), Wilhelm Eduard Albrecht, Friedrich Christoph Dahlmann, Georg Gottfried Gervinus, Wilhelm Eduard Weber und Heinrich Ewald protestierten gegen König Ernst August von Hannover. Der hatte grundlegende Gesetze einfach aufgehoben und dadurch fast uneingeschränkte Macht. Die **Göttinger Sieben**, wie sie genannt wurden, verloren wegen des Protests ihre Ämter. Doch viele Menschen standen auf ihrer Seite und die Gelehrten wurden zu Vorkämpfern für das Recht auf Freiheit.

Göttinger Sieben

Vor dem Alten Rathaus in Göttingen findest du das Wahrzeichen der Stadt, den **Gänseliesel-Brunnen** von 1901. Das Gänseliesel ist wohl die am meisten geküsste Bronzefigur im ganzen Land: Traditionell muss ihr jeder Wissenschaftler, der gerade an der Universität seinen Doktortitel erlangt hat, einen Kuss geben.

Das Gänseliesel wird gern mit Blumen geschmückt.

9

Duftspuren und Lügenmärchen

Welcher Duft passt?
Ein Parfümeur bei der Arbeit

Ein Stück flussabwärts liegt **Holzminden.** Schnupper mal: Manchmal riecht die Stadt sogar nach Bonbons. Holzminden ist ein Zentrum der Duft- und Aromaproduktion. In der Innenstadt stehen an vielen Stellen Duftsäulen. Auf einem Duftspaziergang kannst du nicht nur Interessantes riechen, du erhältst auch spannende Informationen zur Geschichte der Stadt.

Ein Rattenfänger soll 1284 nach **Hameln** gekommen sein und mit seinem Flötenspiel alle Ratten und Mäuse aus der Stadt gelockt haben. Weil ihm der Lohn dafür verweigert wurde, rächte er sich, indem er auf die gleiche Weise alle Kinder aus der Stadt führte – auf Nimmerwiedersehen …

Hameln ist nicht nur die Stadt des berühmten Rattenfängers, sondern auch ein Mittelpunkt der **Weserrenaissance**. Gebäude in diesem Baustil erkennst du an den üppig geschmückten Fassaden, Schmuckleisten und Erkern. Das Material ist meist Sandstein. In der Weserrenaissance wurden Gebäude aber auch in Fachwerkbauweise errichtet.

Am Hamelner Hochzeitshaus erklingt täglich ein Glockenspiel.

Das musst du dir ansehen!

Alles gelogen! Ehrlich!

Bodenwerder ist die Heimatstadt von Hieronymus Carl Friedrich Freiherr von Münchhausen, auch bekannt als Lügenbaron. Er gilt als Erfinder abenteuerlicher Geschichten. Seit dem 18. Jahrhundert erschienen die berühmten »Lügenmärchen«. In der Schulenburg, einem Teil von Münchhausens ehemaligem Gutshof, befindet sich heute ein Museum.

Kaiserpfalz in Goslar

Zurück Richtung Harz: 968 verbreitet sich in **Goslar** die Nachricht von einem Silbervorkommen in der Erde. Bald beginnt der Abbau im Bergwerk Rammelsberg. Der Reichtum lockt Anfang des 11. Jahrhunderts auch Heinrich II. nach Goslar. Der römisch-deutsche Kaiser verlegt seine Pfalz hierher. Das ist ein burgähnlicher Königspalast. Die mächtige Anlage, die du noch heute bestaunen kannst, ist teilweise ein Nachbau aus dem 19. Jahrhundert.

Im Schaubergwerk **Rammelsberg** erlebst du, wie die Arbeit unter Tage war, und lernst das **Oberharzer Wasserregal** kennen. Regal kommt vom lateinischen Wort »rex« für König und bedeutet ein Recht, das nur der König verleihen konnte. Es berechtigte dazu, das Wasser zu nutzen: Mittels Stauteichen, Dämmen und Gräben wurde es auf Wasserräder umgeleitet. Sie trieben Pumpen und Förderanlagen für Erz an.

Teil des Wasserregals: Wasserrad in der Grube Samson in St. Andreasberg

Der alte Weserstein

»Wo Werra sich und Fulda küssen
Sie ihre Namen büssen müssen
Und hier entsteht durch diesen Kuss
Deutsch bis zum Meer der Weser-Fluss«

Dieser Spruch ziert den Gedenkstein von 1899 auf der Flussinsel Tanzwerder bei **Hannoversch Münden.** Hier vereinigen sich Fulda und Werra zur Weser.

Werra und Fulda fließen gemeinsam als Weser weiter.

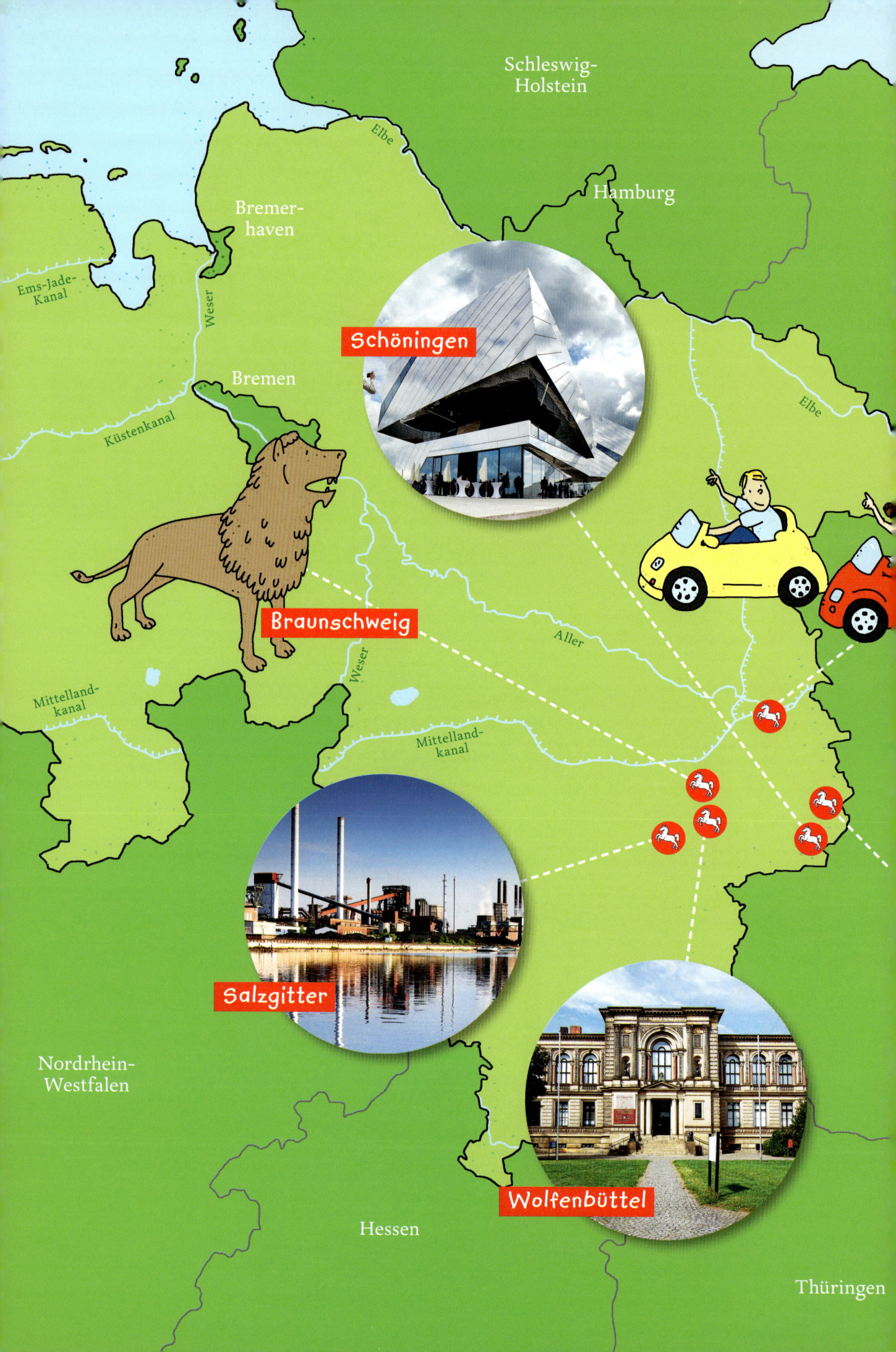

Brandenburg

olfsburg

Sachsen-
Anhalt

Helmstedt

Ehemalige innerdeutsche
Grenze 1945-1990

Sachsen

Region Braunschweig

Ganz alt
und ganz modern

Die Region Braunschweig reicht bis an das Bundesland Sachsen-Anhalt heran. Bei der ehemaligen Grenzstadt Helmstedt beginnt unsere Erkundungstour, die uns aus einem fernen Erdzeitalter bis in die Zukunft führt. Die großen Braunkohlevorkommen rings um Helmstedt entstanden vor mehr als 50 Millionen Jahren. Etwa 300 000 Jahre alt sind die hölzernen Wurfspeere, die beim Abbau der Kohle entdeckt wurden. In Schöningen kannst du tief in die Urgeschichte eintauchen.

Doch auch Geistesgeschichte ist spannend! Viele kluge Köpfe haben in Wolfenbüttel in der Herzog-August-Bibliothek geforscht und gearbeitet. Dort wird ein kostbares Buch aufbewahrt, über das wir natürlich mehr erfahren wollen.

Ganz in der Nähe wird unsere Zeit gemacht: In Braunschweig gibt es die genauesten Uhren der Welt. Gleich mehrere Zeitsprünge können wir im Südwesten bei Salzgitter erleben. Archäologische Funde aus der Eiszeit gibt es hier ebenso wie große Industriegebiete. Und die Zukunft erwartet dich in der supermodernen Autostadt Wolfsburg. Also nichts wie los, die Zeit läuft … ab jetzt!

Lot sick den Leu ook streikeln?*

* Kann man den Löwen auch streicheln?
So heißt es auf Plattdeutsch in Peine/Braunschweig.

Wo Niedersachsen uralt ist

In einer Urkunde aus dem Jahr 952, unterzeichnet von Otto dem Großen, wird ein Ort namens Helmonstede erwähnt. Gemeint ist das heutige **Helmstedt**. Während der deutschen Teilung in die Bundesrepublik Deutschland und die Deutsche Demokratische Republik befand sich hier der wichtigste Grenzübergang, der »Kontrollpunkt Helmstedt«.

Grenzkontrollpunkt
Marienborn-Helmstedt um 1977

Schaufelradbagger im Tagebau
Schöningen

Eine noch viel ältere Geschichte verbirgt sich direkt unter unseren Füßen: Es sind **Braunkohlelager,** die aus urzeitlichen Wäldern entstanden. Die Kohle wird im Tagebau abgebaut, also nicht in tiefen Stollen unter Tage, sondern nahe der Erdoberfläche mit riesigen Baggern.

Zuweilen trifft man dabei auf eine echte Sensation! So wie 1994, als südlich von Helmstedt die berühmten Schöninger Speere entdeckt wurden. Es sind die bislang ältesten erhaltenen Jagdwaffen der Welt. Außerdem grub man Steingeräte und Tierknochen aus, auch von Wildpferden und Wisenten. Im **paläon,** dem Forschungs- und Erlebniszentrum Schöninger Speere, lernst du die Welt der Frühmenschen kennen und kannst in Ausstellungen und Veranstaltungen selbst zum Jäger werden.

Vergangenheit ganz futuristisch: Schöninger Speere im paläon

Gotthold Ephraim Lessing

Weiter im Westen liegt **Wolfenbüttel,** 1283 von Welfenherzog Heinrich dem Wunderlichen zur Residenzfestung ausgebaut. Herzog August (1579–1666) gründete hier die Herzog-August-Bibliothek. Hier arbeiteten so berühmte Männer wie der Philosoph und Mathematiker Gottfried Wilhelm Leibniz oder der Dichter Gotthold Ephraim Lessing.

Die Bibliothek hütet zudem einen ganz besonderen Schatz, das handgeschriebene Evangeliar von Heinrich dem Löwen. Das ist ein Buch mit dem Text der vier Evangelien des Neuen Testaments der Bibel. Weil es so empfindlich ist, wird es nur alle zwei Jahre öffentlich ausgestellt.

Kostbare Buchmalereien schmücken Heinrichs Evangeliar.

Von Löwen und Meerkatzen

Mit etwa 248 000 Einwohnern ist **Braunschweig** die zweitgrößte Stadt Niedersachsens. Im 12. Jahrhundert befand sich hier die Residenz von Heinrich dem Löwen. Die Burg Dankwarderode ist aber ein Nachbau aus dem 19. Jahrhundert. Auf dem Burgplatz wacht ein gewaltiger Löwe. Heinrich ließ das Original 1166 zum Zeichen seiner Macht aufstellen. Doch auch große Herrscher leben nicht ewig: Im Dom St. Blasius befindet sich Heinrichs Grab.

Grab Heinrichs des Löwen

Eulenspiegel backt Meerkatzen.

In vielen Bäckereien Braunschweigs gibt es Eulen und Meerkatzen als leckere Nascherei. Dafür ist **Till Eulenspiegel** verantwortlich, eine berühmte Figur aus einem Volksbuch. Er soll um das Jahr 1300 herum in Kneitlingen bei Schöppenstedt geboren worden sein. Einmal arbeitete er als Gehilfe bei einem Bäcker in Braunschweig. Doch statt Brot formte er aus dem Teig Eulen und

Meerkatzen (eine afrikanische Affenart). Till Eulenspiegel nahm alles, was seine Mitmenschen ihm sagten, ganz wörtlich und spielte ihnen so eine Menge Streiche.

An Tills Streiche erinnert heute der Eulenspiegel-Brunnen am Bäckerklint.

Atomuhr CS 2

Kleiner Uhrenvergleich: Wie spät ist es auf deiner Uhr gerade? Keine Uhr misst die Zeit exakter als eine Atomuhr: In drei Millionen Jahren geht sie vielleicht mal um eine Sekunde nach. Gleich mehrere dieser Zeitmesser sind in der Physikalisch-Technischen Bundesanstalt in Braunschweig in Betrieb. Die genaue Zeit funken sie an Uhren in ganz Deutschland weiter.

Mammut im Eiszeitgarten Schloss Salder

Ganz schön groß: Das Stadtgebiet von **Salzgitter** erstreckt sich über mehr als 200 Quadratkilometer, was etwa der Fläche von 28 000 Fußballfeldern entspricht. Es entstand 1942 durch den Zusammenschluss vieler kleiner Ortschaften. Daraus wurden 31 Stadtteile. In Salzgitter-Lebenstedt entdeckten Bauarbeiter 1952 beim Ausheben einer Baugrube die Reste eines Lagers der Neandertaler, darunter Zähne und Knochen von Mammuts und Skelettreste von Neandertalern, etwa 50 000 Jahre alt! Eine Ausstellung dazu kannst du dir im Museum Schloss Salder ansehen.

Phaeno in Wolfsburg

Wolfsburg hat ebenfalls eine ungewöhnliche Gründungsgeschichte. Ursprünglich gab es nur ein an der Aller gelegenes Schloss, die Wolfsburg. Erst 1938 wurde die Stadt von den Nationalsozialisten als Wohnort für die Arbeiter des Volkswagenwerkes gegründet. Bis 1945 hieß sie »Stadt des Kdf-Wagens bei Fallersleben.« KdF, »Kraft durch Freude«, war eine Parole der Nationalsozialisten. (Mehr über die Zeit des Nationalsozialismus erfährst du auf den Seiten 32, 33, 51 und 61.)

In der Autostadt, einem großen Themenpark, gibt es Ausstellungen und Veranstaltungen zu Kunst, Kultur und Technik. Superspannend ist auch ein Besuch in der Experimentierlandschaft Phaeno gleich neben dem Bahnhof – hier kannst du die unglaublichsten Dinge selbst erleben, zum Beispiel im Verrückten Salon deinen Gleichgewichtssinn testen oder einen Fliegenden Teppich ausprobieren.

Mal sehen, was gleich passiert ...

Autostadt Wolfsburg

Von Wölfen, Luchsen und bunten Schweinen

Landschaft, Natur und Tiere in Niedersachsen

Die niedersächsische Natur hat viele Gesichter. Im Norden begegnet uns zuerst die Nordsee mit dem Wattenmeer und den Ostfriesischen Inseln. Dann folgen Marsch, Moore und Geest. Die Geest ist durch Sandablagerungen während der Eiszeit entstanden. Die Marsch ist vom Wasser ange- schwemmtes Land. Sie zieht sich an der Küste und an den Unterläufen der Flüsse entlang, die in die Nordsee münden. An Moore, Geest und Marsch schließt sich das Bergvorland an. Es geht über in Berg- und Hügelland. Im Süden schließlich liegen die Mittelgebirge und ihre Täler.

Wattenmeer

Freepsumer Meer

Blick vom Brocken auf den Wurmberg

In dieser abwechslungsreichen Landschaft leben viele **Wild- tiere.** Die meisten kennst du, Rehe, Hirsche und Wild- schweine, Greifvögel und Wildkaninchen sind gar nicht so selten. Dann gibt es aber auch Lebewesen, die ein Dasein im Verborgenen führen: wilde Tiere, die einmal fast oder ganz ausgerottet waren und sich nun, ganz allmählich, ihr Stückchen Niedersachsen wieder zurückerobern.

Wölfe sind sehr scheu. So nah kannst du sie nur in Wildparks sehen.

Wölfe zum Beispiel! Truppenübungsplätze (TÜPs) sind unter den scheuen Tieren offenbar ein heißer Tipp: Auf dem TÜP Munster lebt das erste Wolfsrudel, das in Niedersachsen wieder gesichtet wurde. Auch auf anderen Truppenübungsplätzen breiten Wölfe sich aus.

Mit etwas Hilfe hat es auch der **Luchs** geschafft, bei uns wieder heimisch zu wer- den. Im Harz wurden seit dem Jahr 2000 über zwanzig Luchse aus Zuchtgehegen aus- gewildert.

Luchs im Zuchtgehege

Rat mal, was unsere Lieblings-früchte sind!

Rekorde!

Auf dem Wurmberg im Harz ist Nieder-sachsen am höchsten: 971 Meter ragt der Gipfel empor. Tiefste Punkte gibt es sogar gleich zwei, beide liegen noch tiefer als der Meeresspiegel: Das Freepsumer Meer in der Gemeinde Krummhörn im Land-kreis Aurich befindet sich 2,3 Meter unter Normalnull, der Wynhamster Kolk bei Bunde im Landkreis Leer 2,5 Meter (Normalnull ist eine Höhe, die sich auf den Meeresspiegel bezieht).

In den verschiedenen Regionen haben die Menschen im Laufe der Jahrhun-derte auch besondere **Nutztiere** gezüchtet, zum Beispiel das Ostfriesische Milchschaf, die Diepholzer Gans und das Bunte Bentheimer Land-schwein (das nicht wirklich bunt, sondern schwarz gefleckt ist). Die meisten alten Rassen sind vom Aussterben bedroht, hauptsächlich aus einem Grund: Sie eignen sich nicht für die Massenzucht.

Hübsch gefleckt: Bentheimer Landschwein

Hier ein paar Zahlen:
- Rund 840 000 Milchkühe leben bei uns, viele stehen ganzjährig im Stall.
- Niedersachsen hat mehr Schweine als Ein-wohner: 2013 waren es etwa 8,7 Millionen, mehr als in jedem anderen Bundesland.
- Jedes zweite Huhn in Deutschland stammt aus niedersächsischen Mastbetrieben. Niedersachsen hat insgesamt die meisten Mastbetriebe Deutschlands. Der größte Teil befindet sich in der Region Weser-Ems.

Hühner in der Massentierhaltung

Und wie sieht es auf den Feldern aus? Fast die Hälfte aller in Deutschland geernteten Kartoffeln stammt von niedersächsischen Äckern. Und Nieder-sachsen ist ganz klar das Erdbeerland Nr. 1! 2013 wurden hier rund 42 000 Tonnen der süßen Früchte gepflückt. Noch mehr Obst gibt es im Alten Land, wo wir auf unserer Entdeckungsreise auch noch vorbeischauen.

Schleswig-
Holstein

Hamburg

Elbe

Bremer-
haven

Steinhuder Meer

Ems-Jade-Kanal

Weser

Bremen

Niederlande

Ems

Küstenkanal

Münchehagen

Hannover

Dortmund-
Ems-Kanal

Weser

Mittel
kan

Wiedensahl

Weser

Bückeburg

Stadthagen

Nordrhein-
Westfalen

Hessen

Mittendrin und ganz nah dran

Zugegeben: Die Region um Hannover befindet sich nicht genau in der Mitte von Niedersachsen. Dennoch sind alle Landesteile von hier aus gut zu erreichen, und dank der Bahnstrecken, die sich bei Hannover kreuzen, auch der Rest Deutschlands. In vielerlei Hinsicht also ein Zentrum, vor allem natürlich, weil es die Hauptstadt Niedersachsens ist! Hier sehen wir uns gleich mal genauer um.

Mit Weltkultur befassen wir uns dann in Hildesheim und Alfeld. Erstaunlich, wie verschieden Architektur aussehen kann, die in das Weltkulturerbe aufgenommen wurde!

Jede Menge Geschichte und Geschichten erwarten uns im Land-kreis Schaumburg – die von Wilhelm Busch zum Beispiel.

Oder interessierst du dich eher für Dinosaurier? Im Dinopark Münchehagen wird das Zeit-alter der Saurier lebendig.

Nicht ganz so alt wie die Urzeit-echsen ist das Steinhuder Meer, das wir anschließend besuchen.

Zeit für eine kleine Pause: Hier kannst du baden oder mit einem Boot zur Insel Wilhelmstein fahren.

> Heier inne Landeshoptstatt wäre ick meine Karriere as Politiker anfengen.*

Hildesheim

Alfeld

Elbe

Seitenkanal

Sachsen-Anhalt

Sachsen

Thüringen

Hier wird Politik gemacht

Hannover ist die Landeshauptstadt von Niedersachsen. Im Leineschloss befindet sich der Niedersächsische Landtag mit dem Parlament. Das kommt vom lateinischen Wort »parlare«, sprechen. Die vom Volk gewählten Abgeordneten sprechen im Parlament für ihre Wähler und vertreten deren Interessen. Bist du neugierig, wie es dabei so zugeht? Schüler berichten regelmäßig als Online-Reporter aus dem Landtag.

Der Landtag von Niedersachsen

Aus der Vogelperspektive würde es dir vermutlich sofort auffallen, aber auch so ist kaum zu übersehen, wie viel Grün es in Hannover gibt – es ist tatsächlich eine grüne Stadt. Mittendrin erstreckt sich über 6,4 Quadratkilometer der Stadtwald Eilenriede. Und es gibt noch viel mehr große und kleine Parkanlagen. Besonders berühmt sind die Herrenhäuser Gärten, zu denen beispielsweise der

Blick von der Rathauskuppel auf Maschpark und Maschsee

Gartentheater in den Herrenhäuser Gärten

Berggarten und der Große Garten gehören. Letzteren ließ Kurfürstin Sophie (1630–1714) ab 1666 ganz neu gestalten und vergrößern. Man kann sich vorstellen, wie sie bei einem Spaziergang durch den schön gestalteten Garten mit seinen vielen Hecken, Statuen und Blumenbeeten in ein angeregtes Gespräch mit einem der klügsten Männer ihrer Zeit vertieft war: Gottfried Wilhelm Leibniz. Hier treffen wir den berühmten Gelehrten wieder, der uns schon in Wolfenbüttel begegnet ist. Höchste Zeit, ihn ein wenig genauer vorzustellen!

Gottfried Wilhelm Leibniz (1646–1716), Wissenschaftler, Philosoph und Hofbibliothekar, erfand die erste Rechenmaschine und hatte schon beim Aufwachen so viele gute Ideen, dass der Tag nicht reichte, um sie alle aufzuschreiben – so hat er selbst gesagt. Viele Jahre lebte und arbeitete er in Hannover. Mit Kurfürstin Sophie stand er in einem regen Gedankenaustausch.

Nach Leibniz ist sogar ein Keks benannt. 2013 wurde der vergoldete Keks, der die Fassade der Gebäckfirma in Hannover ziert, geklaut – vom Krümelmonster?

Das heutige **Schloss Herren-hausen** haben weder Sophie noch Leibniz je betreten. Es ist der Nachbau eines Schlosses aus dem frühen 19. Jahrhundert, das 1943 im Zweiten Weltkrieg bei einem Luftangriff zerstört wurde.

Leibniz Universität

In der Tierärztlichen Hochschule

Wissenschaft wird in Hannover nach wie vor ganz groß geschrieben. Die Leibniz Universität, die Medizinische Hochschule und die Tierärztliche Hochschule sind weit über Niedersachsens Grenzen hinaus bekannt.

Gibt's auch ein Schützen-fest extra für Kinder?

Das musst du dir ansehen!

Das größte Schützenfest der Welt

Einmal im Jahr wird zehn Tage lang gefeiert, und das mit mehr als 1,5 Millionen Gästen. Das Schützenfest von Hannover gilt als das größte der Welt. Allein beim Festumzug wirken mehr als 10 000 Teilnehmer aus verschiedenen Ländern mit.

Weltkultur und Max und Moritz

Blick vom Andreaskirchturm auf den Hildesheimer Dom

Im Süden von Hannover liegt die alte Bischofsstadt **Hildesheim**, die berühmt ist für ihre Kirchen. Die Michaeliskirche, ab 1010 errichtet, und der Dom, ab 1054 gebaut, wurden in das Weltkulturerbe der Menschheit aufgenommen. Die Sankt-Andreas-Kirche aus dem 14. bis 16. Jahrhundert kann mit einem eigenen Rekord aufwarten: Ihr 114 Meter hoher Kirchturm ist der höchste in ganz Niedersachsen. Von dort oben hast du einen großartigen Blick über die Stadt.

Noch ein bisschen weiter südlich gibt es ein weiteres Stück Architektur zu bestaunen, diesmal vor allem aus Glas und Stahl. Das Fagus-Werk in **Alfeld** gehört ebenfalls zum Weltkulturerbe. 1911 wurde es von dem berühmten Architekten Walter Gropius errichtet. In der Fabrikanlage werden übrigens Schuhleisten angefertigt, also Formen, die zur Herstellung von Schuhen benötigt werden. Die Leisten sind zum Teil bis heute aus Buchenholz. Rate mal, wie das lateinische Wort für Buche lautet! Genau: Fagus.

Fagus-Werk in Alfeld

Gibt's die auch in meiner Größe?

Wilhelm Busch

Die Bildergeschichte von Max und Moritz und ihren Streichen kennst du sicher. Ihr Schöpfer Wilhelm Busch (1832–1908) wurde in **Wiedensahl** ganz in der Nähe von Stadthagen geboren und verbrachte dort später immer wieder viel Zeit. Sein Elternhaus ist heute ein Museum. Auch das Wilhelm-Busch-Museum in Hannover zeigt viele Werke des Künstlers.

Glockenturm der Schaumburg

Im Westen der Region liegt der Landkreis **Schaumburg**, der seinen Namen dem seit dem 12. Jahrhundert bekannten Adelsgeschlecht der Schaumburger Grafen verdankt. Deren Stammsitz ist die Schaumburg, die auf einem Höhenzug bei Rinteln thront. Der erste Burgherr nannte sich »Edler von Schaumburg«. Gemeint war ursprünglich »Schauenburg«, weil man von dort weit über das Wesertal blickt – ideal, um den Schiffsverkehr auf der Weser zu kontrollieren.

1609 machte Fürst Ernst zu Schaumburg **Bückeburg** zu seiner Residenz. Aus dieser Zeit stammt auch das Schloss, das heute noch von der Fürstenfamilie bewohnt wird. Inzwischen erkennst du die Merkmale der Weserrenaissance bestimmt schon richtig gut; dieses Schloss trägt sie ebenso wie das Schloss und viele andere Häuser im nicht weit entfernten **Stadthagen.**

Großer Festsaal in Schloss Bückeburg

Auf den Spuren der Saurier in den Steinbrüchen bei Obernkirchen

Viele dieser schönen Gebäude sind aus Sandstein, der aus den Steinbrüchen von **Obernkirchen** stammt. 1879 entdeckte man dort versteinerte Saurierspuren. Seitdem gibt es immer neue Funde, die von Wissenschaftlern aus aller Welt erforscht werden. Ab und zu dürfen auch interessierte Laien einen Blick darauf werfen.

Schloss Bückeburg aus der Vogelperspektive

Keine Angst vor großen Tieren!

Wie die Gegend um **Münchehagen** bei **Nienburg** vor etwa 140 Millionen Jahren wohl ausgesehen hat? Stell dir riesige Baumfarne und Wälder aus Schachtelhalm vor, feuchtwarme Luft und sumpfigen Boden. Mitten hindurch stapft eine Gruppe gewaltiger Dinosaurier. Mit ihren schweren Körpern sinken sie bei jedem Schritt ein und hinterlassen gut sichtbare Spuren, die heute als Versteinerungen zu bestaunen sind. 1980 wurden sie in einem stillgelegten Steinbruch zufällig entdeckt. Inzwischen gibt es den **Dinopark** Münchehagen, wo dir Saurier in Lebensgröße begegnen und du jede Menge Erdgeschichte erleben kannst.

In der Werkstatt des Dinomuseums werden die Funde präpariert.

Das **Steinhuder Meer** gab es zur Zeit der Saurier noch nicht. Es ist vor etwa 14 000 Jahren entstanden, also gegen Ende der letzten Eiszeit. Mit einer Fläche von rund 30 Quadratkilometern ist es der größte Binnensee Niedersachsens. Manche nennen das Gewässer auch liebevoll Badewanne – die durchschnittliche Tiefe beträgt nur 1,35 Meter. Mit einem Boot kannst du zur Insel Wilhelmstein fahren. Graf Wilhelm zu Schaumburg-Lippe ließ sie zwischen 1761 und 1767 künstlich anlegen und eine Festung darauf bauen.

Wilhelmstein im Steinhuder Meer

Achte auf die Ortsschilder!

Viele Ortsnamen in der Region Hannover und vor allem in Schaumburg enthalten die Endung -hagen, zum Beispiel Stadthagen oder Münchehagen. Hagenhufendörfer sind eine Besonderheit der Region. Unter einer Hufe versteht man eine Hofstelle mit Wirtschaftsfläche. Hagen ist das mit Büschen und Hecken umgebene »eingehegte« Grundstück. Die Höfe liegen an einer Straße, die Grundstücke sind lang und schmal. Auf der einen Seite der Straße sind die Felder, auf der anderen der Hof mit Garten und Weiden. In Hagenhufendörfern findest du oft schöne alte Bauernhöfe, deren Giebel zwei sich kreuzende Pferdeköpfe zieren.

Wie wäre es zum Schluss mit einem Abstecher nordwestwärts nach **Gessel** bei Syke? Dort hat vor ungefähr 3300 Jahren jemand einen Schatz vergraben. Schmuck aus purem Gold! 117 Teile wurden entdeckt.

Der **Goldhort von Gessel** ist einer der größten Goldfunde aus der Bronzezeit in Mitteleuropa. Die Entdeckung ist dem Bau der Nordeuropäischen Erdgasleitung zu verdanken, durch die Gas von Sibirien durch die Ostsee nach Deutschland transportiert wird. Ungefähr auf 200 Kilometern Länge führt die unterirdische Leitung durch niedersächsisches Gebiet. Ihren Bau haben Archäologen begleitet und dabei viele Ausgrabungen gemacht.

Lüdersfeld im Landkreis Schaumburg, ein Hagenhufendorf

Verborgen in der Erde: der Schatz von Gessel

Schmuckstücke aus dem Goldschatz

27

Schleswig-
Holstein

Bremer-
haven

Ems-Jade-Kanal

Küstenkanal

Uelzen

Lüneburg

Elbe

Weser

Elbe

Elbe-Seitenkanal

Bergen-Belsen

Weser

Aller

Mittelland-
kanal

Wienhausen

Nordrhein-
Westfalen

Weser

Celle

Thüringen

Hessen

ecklenburg-
orpommern

itzacker

Brandenburg

Gorleben

Sachsen-
Anhalt

Sachsen

Kulturlandschaft mit viel Natur

Von den Flüssen Aller und Weser im Südwesten bis zur Elbe im Nordosten erstreckt sich das größte Heidegebiet Deutschlands. Weite Teile stehen unter Schutz, so der Naturschutzpark Lüneburger Heide und der Naturpark Südheide. Im Spätsommer blüht die Heide in allen Farbtönen von Hellrosa bis Dunkelviolett und zieht zahllose Besucher an. Es gibt aber noch viel mehr zu entdecken als außergewöhnliche Landschaften! In Lüneburg erforschen wir, welch wichtige Rolle Salz bei der Entstehung der Heide spielte und was es mit dem merkwürdigen Stoff Kieselgur auf sich hat. In den sechs Heideklöstern der Südheide verbergen sich wertvolle Kunstschätze und in Celle steht nicht nur ein prächtiges Schloss, sondern auch das niedersächsische Landgestüt – echte Niedersachsenpferde gibt es hier, und was für welche! Vor allem die Hengste haben jedes Jahr einen tollen Auftritt.

Zum Schluss führt unsere Entdeckungstour auf den Spuren des rätselhaften Volkes der Wenden bis an die Elbe. Ach ja, und Schafe treffen wir unterwegs natürlich auch!

Los geiht' na de Peer-show!*

Schafe, Salz und stille Klöster

Die Lüneburger Heide ist eine Kultur-landschaft, das heißt, sie ist durch die Nutzung des Menschen entstanden. Bis ins Mittelalter gab es hier ausgedehnte Wälder. Dann wurden bei **Lüneburg** Quellen mit salzhaltigem Wasser ent-deckt. Um an das Salz zu gelangen, kochte man das Wasser in großen Pfan-nen, bis es verdampft war. Die Feuer der Salzsiedereien fraßen Unmengen von Holz. Auch für den Schiffbau, für Braue-reien und für Brenn- und Bauholz wurden viele Bäume geschlagen.

Schäfer bei Wilsede in der Lüneburger Heide

Im Deutschen Salzmuseum in Lüneburg wird das Salzsieden vorgeführt.

Aus diesen gerodeten Flächen entstand Weideland für Heid-schnucken. Als Landschaftspfleger auf vier Beinen sorgen die Schafe auch heute dafür, dass der Bewuchs niedrig bleibt und die Heide nicht von anderen Pflanzen überwuchert wird.

Mehr über die Geschichte und die Natur der Region erfährst du im Museum Lüneburg.

Krawummmm!

Was macht Sprengstoff so explosiv? Nitro-glycerin, na klar. Doch dieser Stoff reagiert zugleich extrem empfindlich auf Erschütte-rungen. Alfred Nobels Entdeckung, dass die Zugabe von Kieselgur das verhindert, half ihm bei der Erfindung des Dynamits. Die Kieselgur-Vorkommen in der Heide sind mehr als 300 000 Jahre alt. Sie entstanden aus den Schalen winziger Kieselalgen. Kieselgur steckt übrigens auch in Wasser-filtern, Zahnpasta, Düngemitteln und vielen anderen Dingen.

Der Salzhandel machte Lüneburg zu einer wohlhabenden Stadt. Davon zeugen die vielen Fassaden aus früheren Jahrhunderten.

Gebäude aus rotem Backstein sind typisch für den Norden. Ton kommt hier häufig vor und ist ein gutes Baumaterial. Es gibt sogar eine besondere Epoche, die sogenannte Backsteingotik, die auch in Niedersachsen ihre Spuren hinterlassen hat. Viele Kirchen wurden in diesem Stil erbaut, auch die Lüneburger Sankt-Johannis-Kirche. Gotische Bauwerke erkennst du leicht an den vielen Spitzbögen.

Innenraum von Sankt-Johannis mit Spitzbogen über der Orgelempore

Wie Lüneburg gehörte auch das weiter südlich gelegene **Uelzen** einst der Hanse, einem Handelsbund, an. Darauf verweist das Wahrzeichen der Stadt, das Goldene Schiff, das in der Marienkirche zu sehen ist.

Das Goldene Schiff

Falls du mit dem Zug nach Uelzen fährst, nimm dir etwas Zeit für den bunten, mit geschwungenen Formen und Mosaiken geschmückten Bahnhof.
Er wurde von 1998 bis 2000 nach den Plänen des österreichischen Künstlers Friedensreich Hundertwasser umgestaltet.

Schön bunt: Hundertwasser-Bahnhof Uelzen

In der Heide verstecken sich auch sehr alte Kunstwerke. Die Heideklöster Ebstorf, Isenhagen, Lüne, Medingen, Walsrode und Wienhausen bergen viele Kulturschätze. **Kloster Wienhausen** bei Celle ist berühmt für seine Wand- und Gewölbemalereien aus dem 14. Jahrhundert. Aus dieser Zeit stammen auch Wandteppiche, die so wertvoll und empfindlich sind, dass sie nur einmal im Jahr (um Pfingsten) gezeigt werden.

Chor im Kloster Wienhausen

Der Tristanteppich im Kloster Wienhausen zeigt Motive aus der Tristansage.

Wechselvolle Geschichte

Am Südrand der Heide befindet sich **Celle**. Das Celler Schloss, das aus einer mittelalterlichen Burg hervorgegangen ist, gilt als eines der schönsten Welfenschlösser. Im 16. und 17. Jahrhundert wurde es umgebaut. Heute ist das Celler Schlosstheater dort zu Hause.

Mitten in einem grünen Park liegt Schloss Celle.

Celler Hengstparade

Durch Celle fließt nicht nur die Aller, sondern auch die Fuhse. An deren Südufer findest du ein Gestüt, das schon 1735 gegründet wurde. Heute ist es Niedersächsisches Landgestüt. Rate, welche Pferderasse hier gezüchtet wird – genau, das Hannoveraner Warmblut! Weltberühmt ist die jeden Herbst stattfindende Hengstparade mit ihren großartigen Vorführungen.

Ungefähr 25 Kilometer nördlich von Celle erwartet dich ein Ort, von dem du vielleicht schon gehört hast: **Bergen-Belsen**. Während der Zeit des Nationalsozialismus (1933–1945) befand sich dort ein Konzentrationslager, in dem unzählige Menschen unter schlimmsten Bedingungen zu Tode kamen. Eine von ihnen war Anne Frank, ein jüdisches Mädchen, das mit 15 Jahren aus einem Versteck in Amsterdam dorthin verschleppt wurde. Ihr Tagebuch machte sie weltberühmt.

Anne Frank

Bergen-Belsen ist heute eine Gedenkstätte.

Nationalsozialismus in Niedersachsen

Der Nationalsozialismus, eine rechtsextreme und antidemokratische Weltanschauung, gelangte in Deutschland mit der Nationalsozialistischen Deutschen Arbeiterpartei (NSDAP) nach den politischen Unruhen infolge des Ersten Weltkriegs an die Macht. Mit großer Unterstützung der deutschen Bürger wurde Adolf Hitler 1933 zum Reichskanzler gewählt. Innerhalb weniger Monate schaffte er die Demokratie ab, indem er zum Beispiel Parteien verbot. Kritiker und andere missliebige Menschen wurden verfolgt und getötet. Das betraf neben politischen Gegnern besonders Juden, Sinti und Roma, Behinderte, Homosexuelle – einfach alle, die den Nationalsozialisten im Weg waren oder als minderwertig angesehen wurden. Sie kamen in den vielen Gefangenenlagern wie Bergen-Belsen ums Leben. Trotz aller Gräueltaten gibt es auch heute Anhänger dieser politischen Einstellung.

Ein Blick aus der Luft auf das Rundlingsdorf Lübeln

Im Nordosten geht die Heide in das **Wendland** über, das sich bis zur Elbe erstreckt. Im 9. Jahrhundert siedelten hier die Wenden, eine slawische Volksgruppe. In Ortsnamen wie Satemin, Mammoißel oder Salderatzen finden sich noch Spuren ihrer alten Sprache. Im Wendland gibt es eine besondere Form von Dörfern. Sie heißen Rundlingsdörfer, weil bei ihnen die Bauernhöfe rings um einen runden Dorfplatz angeordnet sind. Die Dielentore der Höfe zeigen auf den Platz.

Überall im Wendland begegnet dir immer wieder ein gelbes X, das Symbol der Anti-Atomkraft-Bewegung. Nahe **Gorleben** befindet sich ein Lager mit radioaktivem Atommüll. Viele Menschen protestieren regelmäßig dagegen.

Atomkraftgegner blockieren die Straße zum Atommülllager Gorleben.

Auf dem Weinberg von Hitzacker wachsen tatsächlich Rebstöcke.

Und weiter geht es, bis an die Elbe: Über dem Städtchen **Hitzacker** erhebt sich einer der nördlichsten Weinberge Deutschlands. Von oben hast du einen tollen Blick über den Fluss und die Stadt. An seinem Fuß haben schon vor rund 3000 Jahren Menschen gelebt. Im Archäologischen Zentrum Hitzacker wird diese Zeit wieder lebendig.

Kann man Geschichte anfassen?

33

Spiel, Spaß, Sport

Niedersachsen bewegt sich!

Hast du eine Lieblingssportart? Ob allein oder lieber im Team, mit Sport tust du nicht nur etwas für deine Fitness. Es ist auch eine tolle Möglichkeit, Niedersachsen und den Rest der Welt kennenzulernen! Wettkämpfe führen dich in andere Städte, du triffst interessante Leute und bist unter Gleichgesinnten.

Etwa 2,8 Millionen Menschen sind in Niedersachsens Sportvereinen aktiv, darunter besonders viele Kinder. Die Sportjugend Niedersachsen ist die Jugendorganisation des LandesSportBundes Niedersachsen (kurz LSB genannt). Rund 900 000 Kinder und Jugendliche aus mehr als 9600 Sportvereinen machen dort mit.

Vielleicht hast du Lust, für das Sportabzeichen zu trainieren? Das können schon Kinder ab sechs Jahren ablegen. Infos dazu gibt es z. B. beim DOSB, dem Deutschen Olympischen Sportbund.

Es geht aber auch ohne Abzeichen und Wettkämpfe, einfach zum Vergnügen. Sportvereine gibt es auch in deiner Nähe. Alle bieten Probestunden und Mitmachaktionen an. So kannst du herausfinden, welcher Sport dir am meisten liegt. Um es dir ein bisschen leichter zu machen, findest du hier eine Auswahl von Sportarten, die in Niedersachsen eine besondere Rolle spielen.

Helm und Sicherheitsweste gehören beim Springreiten dazu.

Pferdesport wird natürlich großgeschrieben – kein Wunder im Pferdeland Niedersachsen! Nicht nur Dressur- und Springreiten zählen dazu, auch Kutschefahren, Westernreiten oder Voltigieren. Beim Voltigieren werden akrobatische Übungen auf einem Pferd ausgeführt, das an einer langen Leine, der Longe, im Kreis läuft.

Fußball ist ebenfalls ein Topsport. In der 1. Bundesliga sind der VfL Wolfsburg und Hannover 96 vertreten. In der Spielzeit 2012/2013 schaffte das Wolfsburger Frauenteam sogar einen sensationellen Dreifachsieg: Die Wölfinnen gewannen die Deutsche Meisterschaft, den DFB-Pokal und die Champions League. Starke Frauen, starke Leistung!

Festhalten gilt nicht! Auch nicht bei der Fußballjugend von Fortuna Düsseldorf und Hannover 96

Damenhandballteam des VfL Oldenburg

Ballsport bedeutet natürlich nicht nur Fußball: Badminton, Tischtennis, Tennis, Volleyball, Handball, Basketball … Du hast die Wahl!

Wassersport macht im Sommer und im Winter Spaß. Schwimmen und Wasserball finden meist in der Halle statt. Wenn es dich in die Natur zieht, ist vielleicht Paddeln, Rudern oder Segeln etwas für dich. Auch Rettungsschwimmen und Tauchen zählen zu den Wassersportarten.

Jedes Jahr zu Pfingsten findet in Hannover der Dragonboat-Cup statt, eines der größten **Drachenbootrennen** Europas. Wenn die fantasievoll verzierten langen Paddelboote über den Maschsee flitzen, feuern die Zuschauer am Ufer die Teams lautstark an.

Drachenbootrennen auf dem Maschsee

Wintersport beinhaltet nicht nur Skifahren, Snowboarden oder Rodeln; Eishockey wird das ganze Jahr über in Hallen gespielt. Auch Eistanz und Schlittschuhlaufen kannst du dort lernen.

Im Harz gibt es tolle Rodelstrecken.

Und wer sagt eigentlich, dass man zum **Klettern** in die Berge fahren muss? Überall in Niedersachsen gibt es in verschiedenen Orten Kletterhallen. Auf Routen von leicht bis schwer kannst du dein Klettertalent testen.

Dann gibt es natürlich noch das Turnen an verschiedenen Geräten oder am Boden, Leichtathletik, Kampfsport, Radsport … Sogar Schach und Darts (bei dem kleine Pfeile auf eine runde Scheibe geworfen werden) sind Sportarten!

Beim Schach ist Konzentration gefragt.

Auf Skatebahnen trainieren Skater ihre Tricks.

Es gibt also eine Menge auszuprobieren. Ganz sicher ist auch für dich die richtige Sportart dabei!

Schleswig-
Holstein

Krautsand

Cuxhaven

Stade

Elbe

Osten

Hamburg

Weser

Niederlande

Ems-Jade-Kanal

Ems

Küstenkanal

Worpswede

Bremen

Buxtehude

Dortmund-
Ems-Kanal

Mittelland-
kanal

Weser

Weser

Al

Mittella
kana

Mittella
kana

Himmelpforten

Nordrhein-
Westfalen

Verden

Hessen

Flüsse und Meer

Nicht mehr lange, und wir schnuppern das erste Mal Nordseeluft! Auf der Karte kannst du sehen, dass die Region Elbe-Weser ungefähr die Form eines Dreiecks hat. Weser und Elbe bilden die Längsseiten, die Spitze weist zum Meer. Dort oben liegt der nördlichste Punkt Niedersachsens, die Kugelbake von Cuxhaven. Der Weg dorthin führt zum Beispiel durch das Alte Land, eines der wichtigsten Obstbaugebiete Deutschlands.

Immer wieder treffen wir auch auf schwedische Spuren. Nach dem Dreißigjährigen Krieg 1618–1648 standen viele Gebiete unter schwedischer Herrschaft; Stade ist ein Beispiel dafür. Da wir schon mal in der Nähe sind, machen wir gleich noch einen Besuch beim Weihnachtsmann. Kein Witz! Lass dich überraschen.

Nach einem Abstecher nach Bremervörde bringt uns der Hamme-Oste-Kanal ins Teufelsmoor und ins Künstlerdorf Worpswede. Dann schauen wir noch in Verden an der Aller vorbei, wo uns das Wappentier Niedersachsens erwartet. Und schließlich klären wir die Frage, ob Bremen nun in Niedersachsen liegt – oder in Bremen.

Altes Land

Elbe-Seitenkanal

*Hest du ok al dienen Wunschzedel schreven?**

Sachsen-Anhalt

Brandenburg

Thüringen

* Hast du auch schon deinen Wunschzettel geschrieben?
So heißt es auf Plattdeutsch in Stade.

Schlaue Igel und alte Schweden

Apfelblüte im Alten Land

Hm, lecker: Äpfel, Birnen, Kirschen – Obstbäume, so weit das Auge reicht! Wir sind mitten im **Alten Land,** dem Obstgarten Norddeutschlands. Die fruchtbare Region an der Unterelbe erstreckt sich über 157 Quadratkilometer und ist das größte geschlossene Obstbaugebiet Deutschlands.

Südwestlich von Hamburg, am Rand des Alten Landes, liegt **Buxtehude,** die Stadt, in der die berühmte Geschichte von **Hase und Igel** spielt: Der Hase machte sich eines Tages lustig über die kurzen Beine des Igels. Der forderte ihn darauf zu einem Wettrennen auf. Er lief aber nur die ersten Meter mit und ließ den Hasen allein weiterlaufen. Als der das Ziel fast erreicht hatte, erhob sich dort die Frau des Igels, die ihrem Mann zum Verwechseln ähnlich sah, aus einem Versteck und rief: »Ick bün al dor!« (Ich bin schon da!)

Hase oder Igel – wer ist schneller?

Wohnt hier der Weihnachtsmann?

Zehntausende Kinder in aller Welt schicken jährlich ihre Weihnachtspost nach **Himmelpforten.** Der Ort westlich von Stade nennt sich selbst seit vielen Jahren »Christkinddorf«. Ein großer Weihnachtsmarkt zieht jedes Jahr unzählige Besucher an. Und die Post wird natürlich gewissenhaft von freiwilligen Weihnachtsmannhelfern beantwortet.

Schwedenspeicher in Stade

Schwedische Spuren lassen sich in **Stade** verfolgen. Die 994 erstmals erwähnte Hansestadt stand von 1648 bis 1712 unter schwedischer Herrschaft. Als gegen Ende des Dreißigjährigen Krieges die neugegründeten Herzogtümer Bremen und Verden an Schweden fielen, wurde Stade zum Sitz der schwedischen Verwaltung. Der mächtige Schwedenspeicher am alten Hafen wurde extra als Proviantlager für die fremden Truppen gebaut. Heute ist ein Museum darin untergebracht.

Von Stade aus machen wir jetzt einen Abstecher an die Elbe. Ungefähr auf halbem Weg nach Cuxhaven liegt bei **Drochtersen** die Elbinsel **Krautsand**. Durch Straßen wurde sie ans Festland angebunden. Krautsand hat einen tollen Sandstrand, wo du nicht nur baden, sondern auch die großen Schiffe weiter draußen auf dem Fluss beobachten kannst.

Auf der Elbe fahren richtig dicke Pötte.

Hier riecht's nach Seeluft und Moor

Kugelbake in Cuxhaven

Erinnerst du dich, dass die Region, in der wir gerade sind, Elbe-Weser-Dreieck heißt? An der Spitze dieses Dreiecks, am äußersten Ende der Elbmündung – die hier übrigens beeindruckende 15 Kilometer breit ist – liegt **Cuxhaven.** Jetzt sind wir endlich am Meer! Die Kugelbake, ein Seezeichen, zeigt den von der Nordsee kommenden Kapitänen die Lage der Elbmündung.

Zum Landkreis Cuxhaven gehört die Stadt **Osten** an der Oste, einem langen Nebenfluss der Elbe. Hier gibt es ein technisches Kulturdenkmal, das noch in Betrieb ist: Mit der ältesten Schwebefähre Deutschlands, die seit 1909 die Oste überquert, schwebst du unter massiven Brückenträgern sicher hinüber nach Hemmoor.

Schwebefähre in Osten

Ein altes Schild in den Hapag-Hallen erinnert an die Auswanderer.

Die Auswanderer

Von den Hapag-Hallen, Cuxhavens historischen Abfertigungshallen der HAPAG-Reederei, stechen heute Kreuzfahrtpassagiere in See. Im 19. und 20. Jahrhundert jedoch nahmen hier Menschen aus ganz Norddeutschland und auch von weiter her für immer Abschied von ihrer Heimat. Wirtschaftliche Not oder politische Verfolgung zwangen sie, ihre Heimat zu verlassen. In der Hoffnung auf ein besseres Leben zog es die meisten Auswanderer nach Amerika. Mehr über diese Zeit erfährst du in den Ausstellungen der Hapag-Hallen. Vielleicht waren unter deinen Vorfahren ja ebenfalls Auswanderer? Ein anderer Ort, von dem aus viele Niedersachsen auswanderten, ist Bremerhaven. Im Deutschen Auswandererhaus Bremerhaven findest du weitere Informationen.

Plakat aus den Hapag-Hallen in Cuxhaven

Wenn du der Oste flussaufwärts folgst, kommst du nach **Bremervörde**. In der Nähe beginnt der **Oste-Hamme-Kanal,** der ins **Teufelsmoor** im Landkreis Osterholz führt. Mitten im Teufelsmoor liegt das Künstlerdorf **Worpswede,** wo seit dem Ende des 19. Jahrhunderts Maler und Malerinnen wie Heinrich Vogeler und Paula Modersohn-Becker und der Dichter Rainer Maria Rilke lebten und arbeiteten. Auch heute ist Worpswede Anziehungspunkt für Künstler. Du kannst viele Werkstätten und Galerien besuchen und dir Ausstellungen ansehen.

Der Barkenhoff, eines der berühmten Anwesen in Worpswede, gemalt von Heinrich Vogeler

Verden an der Aller

Ein Hannoveraner Hengstfohlen mit seiner Mutter

Im Süden der Region liegt direkt an der Aller **Verden**, die Reiterstadt genannt, ein Zentrum für Pferdezucht und Pferdesport. Der Name der Stadt hat nichts mit Pferden zu tun, sondern leitet sich von Furt ab. Gemeint war damit eine flache Stelle, an der ein Fluss sicher durchquert werden konnte.

Aus Verden stammen viele der berühmten Hannoveraner-Pferde, denn hier hat der Zuchtverband seinen Hauptsitz. Zu den großen Auktionen kommen Käufer aus aller Welt. Gleich neben dem Bahnhof lädt das Deutsche Pferdemuseum in der alten Kavalleriekaserne zu einem Besuch ein – nicht nur für Pferdenarren interessant!

Schnelle Autos, dicke Pötte

Industrie und Wirtschaft in Niedersachsen

Wolfsburg, Produktion des V W Golf 7

Wieso sind Industrie und Wirtschaft eigentlich so wichtig für ein Land? Ganz einfach gesagt: Wenn produziert, verkauft und vielleicht sogar ins Ausland exportiert wird, haben Menschen Arbeit und Einkommen.

In Niedersachsen arbeiten mehr als eine halbe Million Menschen in einem Industrieunternehmen. Die meisten sind in der Automobilbranche beschäftigt. Bestimmt hast du es schon erraten: Sie arbeiten bei V W, Europas größtem Autobauer. Niedersächsische V W-Standorte sind zum Beispiel Wolfsburg, Emden und Braunschweig. Wenn man die Zulieferbetriebe mit einbezieht, zählt jeder dritte niedersächsische Industriearbeitsplatz zur Kfz-Branche.

Als Agrarland Nr. 1 in Deutschland hat Niedersachsen natürlich auch eine bedeutende Lebensmittelindustrie. Sie ist sogar der zweitwichtigste Wirtschaftszweig. Dazu gehört nicht nur die Produktion und Verarbeitung von Lebensmitteln, sondern auch die Forschung. Wissenschaftler arbeiten zum Beispiel an der Züchtung

neuer Getreidesorten, die ertragreich und widerstandsfähig sind und mit wenig Dünger und Pflanzenschutzmitteln auskommen.

Maisernte mit großen Maschinen

Spitzentechnologie ist Technik, die dem allerneuesten Forschungsstand entspricht. Und auch sie ist in Niedersachsen zu Hause: Es ist die Luft- und Raumfahrtindustrie. Die Schwerpunkte liegen in Hannover, in Braunschweig und im Norden vor allem in Stade. In Braunschweig gibt es einen Forschungsflughafen und in Stade ist ein großes Airbus-Werk angesiedelt, in dem Flugzeugteile gebaut werden. In Hannover ist dank Flughafen und Verkehrsnetz vor allem die Logistik vertreten. Logistiker sorgen dafür,

Mais wird in immer neuen Sorten gezüchtet.

Airbus-Werk in Stade

dass alle Waren – von der Schraube bis zum fertigen Auto – in der richtigen Menge rechtzeitig am rechten Ort ankommen.

Und noch ein Rekord: Niedersachsen ist schon seit Jahren das wichtigste Schiffsbauland in Deutschland! Bedeutende Werften gibt es zum Beispiel in Papenburg, Leer, Emden, Wilhelmshaven, Cuxhaven, Berne und Lemwerder.

Falls du einmal eine Kreuzfahrt auf einem riesigen Luxusliner machen solltest, bestehen gute Chancen, dass dein Schiff in Papenburg gebaut wurde. Die dortige Meyer Werft gilt als Spezialist für luxuriöse Kreuzfahrtschiffe, baut aber auch Gastanker. Alle hier vom Stapel gelaufenen Schiffe haben eines gemeinsam: Es sind ziemlich dicke Pötte. Damit sie auf der Ems Richtung Nordsee schippern können, wurde der Fluss mehrfach vertieft und das Emssperrwerk gebaut. Dabei müssen strenge Naturschutzrichtlinien beachtet werden.

Jeder Hafen in Niedersachsen hat eine eigene Bedeutung. Manche, wie die auf den Ostfriesischen Inseln, werden hauptsächlich von Touristen genutzt. In Emden liegt der Schwerpunkt auf dem Automobilumschlag.

Das Kreuzfahrtschiff *Norwegian Breakaway* (Meyer Werft) bei der Überführung auf der Ems

In Brake werden vor allem Futtermittel und Getreide umgeschlagen. »Umschlagen« bedeutet übrigens nicht anderes als die Anlieferung und Weiterleitung von Gütern aller Art.

V W-Verladestation im Emdener Hafen

Tief, tiefer, am tiefsten: Wilhelmshaven ist Deutschlands einziger Tiefwasserhafen: Im Jade-Weser-Port können selbst Schiffe mit 18 Metern Tiefgang anlegen, die größten der Welt.

Wilhelmshaven ist außerdem Kohle- und Erdölumschlaghafen. Ölleitungen führen direkt zu Raffinerien im Rhein-Ruhr-Gebiet und nach Hamburg.

Lust auf noch mehr Meer und Seeluft? Im nächsten Kapitel besuchen wir einige dieser Hafenstädte. Also dann: Volle Fahrt voraus!

Wilhelmshaven

Bremer-
haven

Jever

Ems-Jade-Kanal

Weser

Bremen

Papenburg

Ems

Küstenkanal

Niederlande

Esterwegen

Cloppenburg

Weser

Dortmund-Ems-Kanal

Lingen

Mittelland-kanal

Osnabrück

Bad Bentheim

Nordrhein-Westfalen

Hessen

We

Schleswig-Holstein

Hamburg

Brake

Oldenburg

Ostfriesland-Kanal

Kalkriese

Region Weser-Ems

Land zwischen den Deichen

Auch diese Region wird von zwei Flüssen geprägt. Die Weser bildet im Osten eine natürliche Grenzlinie, im Westen fließt die Ems. Das Emsland reicht direkt bis an die niederländische Grenze. Die nahe an den Flüssen gelegenen Gebiete waren früher oft von Überflutungen betroffen. Erst der Bau von Deichen änderte das.

Die Region Weser-Ems ist ein vergleichsweise großes Gebiet, wir haben also einiges vor auf unserem Rundkurs! Der beginnt an den Häfen Wilhelmshaven und Brake, führt von Oldenburg nach Cloppenburg und weiter nach Osnabrück. Das liegt fast an der Grenze zu Nordrhein-Westfalen, genau wie Bad Bentheim ganz im Südwesten.

Dann führt der Weg wieder nach Norden: Lingen und Meppen befinden sich auf unserer Route und schließlich Papenburg, die älteste deutsche Moorkolonie. Zur Region Weser-Ems gehört auch noch Ostfriesland; mehr darüber erfährst du ab Seite 54.

Pass up, dat di dat hier nich Kodderig to weerd!*

Sachsen-Anhalt

Sachsen

Thüringen

* Pass auf, dass du hier nicht seekrank wirst! So heißt es auf Plattdeutsch in Cloppenburg.

Ästuare und andere Besonderheiten

Wilhelmshaven kann nicht nur mit dem Jade-Weser-Port punkten, es besitzt auch einen Marinehafen. Der ist der wichtigste Hafen der Bundesmarine an der Nordsee. Im Deutschen Marinemuseum kannst du testen, wie man sich an Bord eines Unterseebootes fühlt. Dort liegt das Museums-U-Boot U 10.

Ganz in der Nähe des Marinemuseums befindet sich das Besucherzentrum des Weltnaturerbes Wattenmeer. Dort erfährst du wirklich alles über das Wattenmeer. Im multimedialen Sturmraum tobt sogar ein Orkan!

Der Jade-Weser-Port, 18 Meter tief

Ziemlich eng: an Bord von U-Boot U10

Schloss in Jever

Wie die alten Römer das norddeutsche Wetter wohl fanden? Ob sie überhaupt bis **Jever** kamen? Vor dieser Frage stehen wir beim Schloss Jever, wo 1850 ungefähr 5000 römische Silbermünzen ausgegraben wurden. Bis heute ist es ein Rätsel, wie sie nach Jever gelangt sind und wer sie warum vergraben hat. Tipp: Auf den Boden gucken! Da liegt zwar kein Silber herum, aber es gibt Kiebitze zu entdecken. Die auf das Pflaster gemalten Vögel sind Wegweiser für einen Rundgang durch die Stadt.

ACHTUNG KIEBITZ

Jadebusen und Wesermündung

Ästuar? Alles klar!

Der Amazonas hat eines, der Mississippi auch, Elbe, Weser und Ems haben es ebenfalls: das Ästuar. Es ist der oft trichterförmige Mündungsbereich, in dem sich Süßwasser aus dem Fluss und Salzwasser aus dem Meer zu Brackwasser mischen. Schau dir die Karte auf Seite 44 genauer an: Die Ästuare von Elbe, Weser und Ems sind gut zu erkennen.

Die Nordsee hat das Land früher immer wieder überflutet. Deshalb haben die Menschen an der Küste vor mehr als 2000 Jahren angefangen, Wurten aufzuschütten. Das sind hohe Erdhügel, auf denen die Menschen ihre Häuser errichteten. Hier waren sie mit ihrem Vieh sicher vor dem Wasser. Im Mittelalter endete der Bau von Wurten. Jetzt schützten die Menschen ihr Land entlang der Küste und der Flüsse durch Deiche. Manchmal brachen die Deiche und das Wasser verwüstete das Land, auch bei **Brake.** So kam die Stadt zu ihrem Namen.

Grünkohl und Pinkel

Ob er nun grün oder braun ist, ist eine alte Streitfrage zwischen Oldenburgern und Bremern; in jedem Fall handelt es sich bei dieser norddeutschen Spezialität um ein deftiges Kohlgericht. Dazu gibt es Pinkel, eine Hafergrützwurst. Probieren lohnt sich!

Das musst du dir ansehen!

Der Name sagt es bereits: In **Oldenburg** gab es mal eine Burg. Die »Aldenburg«, 1108 erstmals erwähnt, war der Sitz der Oldenburger Grafen. Graf Anton Günther (1583–1667) trieb den Deichbau voran und kassierte Weserzoll – alle Handelsschiffe mussten eine Gebühr zahlen. Das machte Oldenburg zu einer wohlhabenden Stadt.

Graf Anton Günther

Deichvorland in der Wesermarsch bei Butjadingen

Wurtendorf Rysum in Ostfriesland

Oldenburg im Jahr 1599

Steinalte Gräber

Im Museumsdorf Cloppenburg

Fragst du dich manchmal, wie die Menschen auf dem Land in früheren Jahrhunderten gelebt haben? Einen Eindruck erhältst du im Museumsdorf **Cloppenburg**. Hier wurden alte Gebäude aus dem 16. bis 20. Jahrhundert wieder aufgebaut.

Sehr viel älter, nämlich rund 5000 Jahre, sind die **Visbeker Braut** und ihr Bräutigam, zwei riesige Steingräber zwischen Wildeshausen und Visbek. Der Sage nach sollte einst eine junge Frau zur Heirat gezwungen werden. Auf dem Weg nach Visbek wünschte sie sich, lieber zu Stein zu werden. Und so geschah es. Den verschmähten Bräutigam ereilte das gleiche Schicksal.

Das Pestruper Gräberfeld liegt inmitten einer schönen Heidelandschaft in der Nähe von **Wildeshausen.** Es besteht aus mehr als 500 Grabhügeln, von denen die meisten aus der Zeit von 900 bis 200 vor Christus stammen. In dieser Zeit wurden die Toten verbrannt und ihre Asche in den Hügeln bestattet.

Großsteingrab Visbeker Bräutigam

»Gouden Mäiden, Bäidene!« –
»Guten Morgen, Kinder!«

Im Landkreis Cloppenburg in der Gemeinde **Saterland** hast du die Gelegenheit, einer alten friesischen Sprache zu lauschen, dem Saterfriesisch. Es gibt nur noch ungefähr 2500 Menschen, die diese Sprache beherrschen. Sie bilden eine der kleinsten Sprachgruppen Europas.

Wenn wir weiter im Süden den Mittellandkanal überqueren, gelangen wir nach **Osnabrück**. Im Friedenssaal des Rathauses wurde ein Teil des Westfälischen Friedens geschlossen, der den Dreißigjährigen Krieg beendete. Die Verhandlungen, die gleichzeitig in Münster und Osnabrück stattfanden, dauerten von 1643 bis 1648. Einer der Auslöser des Krieges war der Streit um die »richtige« Religion – evangelisch oder katholisch, je nach Glaubenszu-

Dokumente, die den Westfälischen Frieden besiegelten, sind im Osnabrücker Rathaus zu sehen.

Beim Steckenpferdreiten gibt es ein großes Kinderfest.

gehörigkeit der verfeindeten Herrscher – und damit um politische Macht. (Siehe dazu auch Seite 60/61.) Der Westfälische Friede schuf neben neuen Ländergrenzen die Grundlage für mehr Toleranz.

Zur Erinnerung an den Friedensschluss findet in Osnabrück das **Steckenpferdreiten** statt: Jedes Jahr im Oktober ziehen die Viertklässler mit Steckenpferden durch die Stadt bis zum Rathaus. Dann wird ein großes Kinderfest gefeiert. 1648 gab es ein solches Steckenpferdreiten in Osnabrück wohl noch nicht, aber 1650 in Nürnberg: Dort ritten Kinder mit ihren Steckenpferden zum Fürsten Piccolomini, der mit der Klärung noch offener Fragen des Friedensschlusses beauftragt war. Sie baten ihn um ein Andenken. Der Fürst ließ daraufhin eckige Silbermünzen prägen. Im Laufe der Zeit entstand eine Sage, die das Steckenpferdreiten nach Osnabrück verlegte. Seit 1948 werden einmal im Jahr die Kinder als Botschafter des Friedens gefeiert, die daran erinnern, dass es nie wieder Krieg geben darf.

„Ich, Varus, kämpfe gegen ... äh, wie heißt der noch mal?"

Im Jahr 9 nach Christus unterlagen drei römische Legionen unter Publius Quinctilius Varus einem Germanenheer, das von Cheruskerfürst Arminius angeführt wurde. Etwa zwölf Kilometer nördlich von Osnabrück bei **Kalkriese**, einem Stadtteil von **Bramsche**, lassen Funde darauf schließen, dass hier der historische Ort gelegen haben könnte.

Eiserne Maske eines römischen Reiters, gefunden bei Kalkriese

49

Mammuts im Moor

Burg Bentheim aus dem frühen Mittelalter

Im südwestlichsten Zipfel der Region Weser-Ems sprudeln heilsame Mineralquellen. Sie wurden bereits um 1711 entdeckt. Seit 1979 darf sich die Stadt **Bentheim** offiziell Bad nennen. Ihr eigentliches Wahrzeichen ist aber die mächtige Burg, die den Ort überragt – eine der schönsten und größten Burgen in Norddeutschland.

Emsland-Raffinerie

Weiter nordwärts, in **Lingen,** fließt kein Heilwasser, aber reichlich Erdöl. Hier ist ein Zentrum der deutschen Erdölindustrie. Im Stadtteil Holthausen befindet sich die Raffinerie Emsland. Raffinerien sind Anlagen, in denen Rohöl zum Beispiel zu Heizöl und Benzin weiterverarbeitet wird.

Bei Lingen treffen der Dortmund-Ems-Kanal und die Ems aufeinander. Der Kanal verbindet das Ruhrgebiet mit der Nordsee und ist sehr wichtig für die Binnenschifffahrt, also für alle Schiffe, die nicht auf dem Meer, sondern auf den Flüssen im Land unterwegs sind.

Nun haben wir das nördliche Emsland und **Papenburg** erreicht. Die Stadt wurde 1631 als älteste deutsche Moorkolonie gegründet. Einst gab es hier nichts als feuchtes, mooriges Land, das durch ein System von Gräben und Kanälen erst mühsam entwässert werden musste. Das Gebiet gehörte zum Bourtanger Moor, benannt nach dem niederländischen Ort Bourtange. Es war einmal das größte zusammenhängende Moor Mitteleuropas.

Breite Gräben durchziehen das Bourtanger Moor.

Um aus dem entwässerten Moorboden Ackerland zu machen, setzte man schon im 19. Jahrhundert mit Dampfkraft betriebene Tiefpflüge ein, die sogenannten Mammuts. Sie pflügten den Boden über zwei Meter tief um. Torf- und Sandschichten wurden so vermischt. Einer dieser riesigen Pflüge ist im Emsland Moormuseum in Geeste-Groß Hesepe zu sehen.

Mammutpflug im Emsland Moormuseum

In der Nähe von Papenburg befindet sich die **Gedenkstätte Esterwegen.** Hier wird an die 15 Emslandlager aus der Zeit des Nationalsozialismus und an ihre Opfer erinnert. In den verschiedenen Ausstellungen der Gedenkstätte erfährst du mehr darüber. (Siehe auch Seite 32 und Seite 60/61.)

Eines dieser Lager war das Konzentrationslager Börgermoor, wo 1933 drei Häftlinge das Lied von den **Moorsoldaten** schufen. Darin geht es um die harte Arbeit, zu der die Gefangenen gezwungen wurden. Nur mit einfachsten Werkzeugen mussten sie das sumpfige Land nutzbar machen. Das Moorsoldatenlied wurde später weit über die Grenzen Deutschlands hinaus bekannt.

Um 1933: Häftlinge im KZ Börgermoor bei einem Appell

Gedenkstein
Börgermoor

Das Moorsoldatenlied

Wohin auch das Auge blicket,
Moor und Heide nur ringsum.
Vogelsang uns nicht erquicket,
Eichen stehen kahl und krumm.

Hier in dieser öden Heide
ist das Lager aufgebaut,
wo wir fern von jeder Freude
hinter Stacheldraht verstaut.

Morgens ziehen die Kolonnen
in das Moor zur Arbeit hin.
Graben bei dem Brand der Sonne,
doch zur Heimat steht der Sinn …

So lauten die ersten drei Strophen des Liedes. Der Refrain:

Wir sind die Moorsoldaten
und ziehen mit dem Spaten
ins Moor.

51

Typisch niedersächsisch!

Bräuche, Trachten, Sprachen

Ob Martinssingen oder Osterfeuer: Zahlreiche Bräuche werden mit leichten Unterschieden in ganz Deutschland begangen. Es gibt aber auch Traditionen, die nur in Niedersachsen zu finden sind. Oft haben sie mit den

Der brennende Hinrich Koarl Kümmelneese

Jahreszeiten, mit kirchlichen Festen oder mit symbolischen Figuren zu tun. Eine solche Figur ist **Hinrich Koarl Kümmelneese** (Heinrich Karl Kümmelnase). Er steht für den Winter und für alle im Laufe eines Jahres begangenen schlechten Taten. Am ersten Freitag nach Aschermittwoch wird in Freden an der Leine mit Kümmelneese Schluss gemacht: Eine Strohfigur wird angezündet und auf einem Boot auf der Leine ausgesetzt, die den Winter und alle Sünden forttragen soll.

In der Nacht vom 30. April auf den 1. Mai ist **Walpurgisnacht**: Im Harz tanzen die Hexen, an vielen anderen Orten werden Feuer angezündet, die böse Geister vertreiben sollen.

Ein typisch ostfriesischer Brauch und zugleich eine Art Volkssport wird dagegen das ganze Jahr über ausgeübt: Boßeln macht im Sommer genauso viel Spaß wie im Winter. Dabei geht es darum, eine Kugel mit möglichst wenigen Würfen über eine festgelegte Stecke zu befördern.

Walpurgisfeier im Harz

Boßeln macht Spaß – nicht nur in Ostfriesland!

Im Spätsommer und im Herbst kannst du viele traditionelle **Jahrmärkte** besuchen, zum Beispiel den Stoppelmarkt in Vechta. Zu dieser Zeit hatte man früher die Ernte eingebracht, der Geldbeutel war gefüllt und die Bauern hatten Gelegenheit, einzukaufen und auch selbst Waren anzubieten.

Stoppelmarkt in Vechta

Vom **Martinssingen** war eingangs schon die Rede. In Ostfriesland wird aber nicht am 11. November gesungen, sondern bereits einen Tag vorher: Das Singen findet dort nämlich nicht zu Ehren des heiligen Bischofs Martin von Tours statt, sondern für Martin Luther, der am 10. November Geburtstag hatte.

Laternenumzug

Und welche Bräuche gibt es dort, wo du lebst? Vielleicht wird in deiner Gegend ja eine **Tracht** getragen, die es sonst nirgendwo gibt. Niedersachsen ist neben Hessen das Bundesland mit der größten Trachtenvielfalt. Die wichtigsten Trachtenregionen sind Schaumburg, Grönegau, Artland, Emsland, Ostfriesland, Ammerland, Stader Geest, Scheeßel, Altes Land, Winsen, Braunschweig und Harz. Innerhalb dieser Regionen

Schaumburger Tracht

gibt es aber noch Unterschiede, denn die Trachten können von Ort zu Ort verschieden ausfallen.

Moin

Auch drei alteingesessene Sprachen gibt es in Niedersachsen: Niederdeutsch, Mitteldeutsch und Friesisch. In ganz Niedersachsen verbreitet ist Niederdeutsch, oft »Plattdeutsch« genannt. Diese Sprache hat verschiedene Dialekte. Ostfälisch kann man im Süden und Osten Niedersachsens hören, Westfälisch um Osnabrück herum. Dann gibt es das emsländische und das ostfriesische Platt. Eine weitere alteingesessene Sprache ist Saterfriesisch, es wird im Saterland bei Cloppenburg gesprochen. In einigen Teilen des Harzes gibt es auch einen mitteldeutschen Dialekt, nämlich Nordthüringisch. Klingt kompliziert? Keine Sorge, je weiter du nach Norden kommst, desto einfacher wird es: Mit einem freundlichen »Moin!«, was so viel heißt wie Guten Tag, kannst du nichts falsch machen.

Moin

Wangerooge

Langeoog

Norderney

Juist

Borkum

Baltrum

Spiekeroog

Norden

Ems-Jade-Kanal

Weser

Bremen

Küstenkanal

Greetsiel

Ems

Leer

Dortmund-Ems-Kanal

Niederlande

Emden

Bunde

Nordrhein-Westfalen

Schleswig-Holstein

Hamburg

Aller

Mittelland-
kanal

ich

Ostfriesland

Von der Küste raus aufs Meer

Ostfriesland reicht mit Inseln und Wattenmeer bis in die Nordsee hinein. Unsere Entdeckungstour beginnt zunächst auf dem Festland bei den alten friesischen Häuptlingsburgen. Hier gab es wirklich mal Häuptlinge! Das berühmte Steinhaus Bunderhee in der Nähe von Leer gehörte einem von ihnen. Emden und Greetsiel in der Krummhörn sind weitere Stationen, wo wir uns genauer umschauen wollen. In der Nähe von Aurich suchen wir den Upstalsboom, und dem Piraten Klaus Störtebeker sind wir in Marienhafe auf der Spur.

Dann geht es endlich raus aufs Meer! Sieben Ostfriesische Inseln wollen erkundet werden. Zwischen Borkum, Juist, Norderney, Baltrum, Langeoog, Spiekeroog, Wangerooge und dem Festland liegt aber noch die weltweit einmalige Naturlandschaft des Wattenmeeres. Also: Hosenbeine hochkrempeln und durch den Schlick laufen – am besten auf einer geführten Wanderung.

Seelucht un Tee, Watt will man Meer?*

Sachsen-Anhalt

* Seeluft und Tee, Watt will man Meer?
So heißt es im ostfriesischen Platt in Aurich.

Freie Friesen und stolze Häuptlinge

Eine ostfriesische Besonderheit sind die alten Häuptlingsburgen. Etwa vom 14. bis zum 16. Jahrhundert hatten die »Hovetlinge«, wie sie in der friesischen Sprache hießen, das Sagen. Die einflussreichen Männer aus wohlhabenden Familien errichteten zum Zeichen ihrer Macht Häuser aus Stein. Viele wurden mit der Zeit zu Burganlagen erweitert. Auch das Steinhaus **Bunderhee** bei Bunde aus dem 14. Jahrhundert ist eine ehemalige Häuptlingsburg. Der Zugang in drei Meter Höhe war früher nur über Leitern zu erreichen.

Sarkophag des Friesenhäuptlings Siebeth Attena, Sankt-Magnus-Kirche Esens

Ostfriesische Wallhecken aus der Vogelperspektive

Schon mal vom WUZ gehört? Die Abkürzung steht für das Wallhecken-Umwelt-Zentrum in **Leer.** Wallhecken sind typisch für die ostfriesische Landschaft. Sie wurden als Grenzmarkierung, »lebende Zäune«, Windschutz und Holzlieferant auf Wällen aus sandigem Boden angepflanzt.

Leuchtturm von Pilsum, Krummhörn

Emden, die größte Stadt Ostfrieslands, liegt an der Emsmündung. Die Region zwischen Emden und der Leybucht heißt **Krummhörn**. Die meisten Dörfer hier wurden auf Wurten

Im Hafen von Emden erinnert das Fischermädchen Jantje Vis daran, wie wichtig die Heringsfischerei früher war.

Lecker Krabben! Wieso heißen die eigentlich auch Granat?

gebaut, um sie vor Hochwasser zu schützen. In Greetsiel kannst du eine Flotte von Krabbenkuttern besichtigen und echte Nordseekrabben probieren, die eigentlich Garnelen sind und auch Granat genannt werden.

Im Guinnessbuch der Rekorde: die Kirche von Suurhusen

Upstalsboom von 1368 in einer Darstellung aus dem 19. Jahrhundert

Tolle Türme: Der schiefste Turm der Welt steht in Suurhusen bei **Emden.** Der dortige Kirchturm ist sogar noch schiefer als der berühmte Turm von Pisa. Und im Störtebekerturm der Marienkirche in Marienhafe soll sich der Pirat Klaus Störtebeker einige Jahre aufgehalten haben, bis er gefangen genommen und 1401 in Hamburg hingerichtet wurde.

Die Friesen waren stolz auf ihre »Friesische Freiheit«, die ihnen im 9. Jahrhundert verliehen wurde. Sie besagt, dass die Friesen keinen Herrscher über sich dulden müssen außer dem Kaiser. Jedes Jahr zu Pfingsten trafen sich Abgesandte aus den Provinzen am **Upstalsboom,** einer alten Versammlungsstätte, um Gericht zu halten. Zum Gedenken daran wurde 1894 in Rahe bei Aurich an einer Pyramide aus Findlingssteinen eine Tafel angebracht. Die Friesische Freiheit endete im 14. Jahrhundert. Danach begann die Zeit der Häuptlinge.

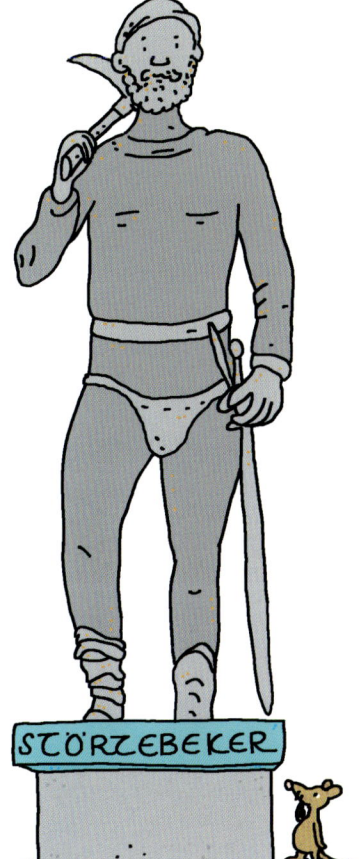
Klaus Störtebeker

Tee und Kluntjes

Nirgendwo in Deutschland wird so viel Tee getrunken wie in Ostfriesland: 300 Liter sind es pro Kopf und Jahr! Im Ostfriesischen Teemuseum im alten Rathaus von **Norden** kannst du die typisch ostfriesische Teezeremonie mit Treckpott (Kanne), Koppke (Tasse), Kluntjes (Zucker) und Rohm (Sahne) erleben.

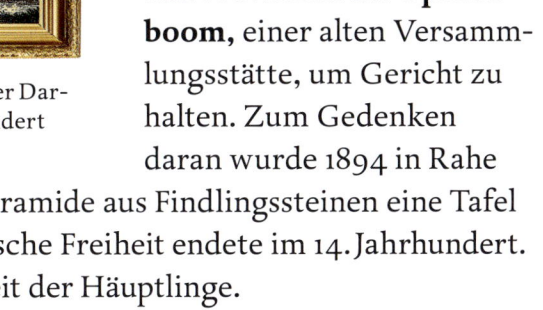

Die Ostfriesische Rose, ein traditionelles Teeservice

Die sieben Schönen im Meer

Sieben Inseln liegen vor der niedersächsischen Küste im Wattenmeer: Wangerooge, Spiekeroog, Langeoog, Baltrum, Norderney, Juist und Borkum. Die Reihenfolge – von Ost nach West – kannst du dir ganz leicht mit diesem Spruch merken: Welcher Seemann liegt bei Nebel im Bett?

Viel Verkehr auf den Schifffahrtswegen vor Wangerooge

»Schiffe gucken« geht auf **Wangerooge** besonders gut. Die Insel liegt an der Einfahrt nach Wilhelmshaven, an der Einfahrt in die Wesermündung und an der Route nach Hamburg.

Spiekeroog trägt wie Langeoog und Wangerooge das alte Wort »Oog« im Namen. Es bedeutet Insel und Auge.

Badestrand auf Spiekeroog

Ungefähr 20 Meter hoch ist die Melkhorndüne auf **Langeoog**. Dünen entstehen, wenn der Wind Sand vor sich hertreibt und der Sand sich an einem Hindernis ablagert. Das kann ein Stück Treibholz sein oder eine Pflanze. Im Laufe der Zeit wächst allmählich eine Düne.

Auf den Sandbänken vor **Baltrum** ruhen sich gern Seehunde aus. Auf dem Festland in Norddeich befindet sich eine Seehundstation, wo verletzte oder verwaiste Seehund- und Kegelrobbenwelpen oder Jungtiere, sogenannte Heuler, aufgezogen werden.

Dünen auf Langeoog

Norderney wurde schon 1797 zum Nordseeheilbad ernannt – das älteste Deutschlands! Eine Besonderheit ist der Leuchtturm: Kein anderes Leuchtfeuer an der deutschen Nordseeküste dreht sich nach links.

Auf dem Seesteg von Norderney um 1910

Wenn Inseln wandern

Alle Ostfriesischen Inseln verschieben sich langsam von Westen nach Osten. Das liegt am Westwind und an den Gezeitenströmen. Wind und Wasser nehmen Sand im Westen der Inseln mit und tragen ihn nach Osten, wo er sich wieder ablagert.

Die Insel Juist aus der Luft betrachtet

Nur 500 Meter breit ist **Juist** an der schmalsten Stelle von der Watt- zur Seeseite. Bei der Sturmflut von 1651 brach die Insel sogar einmal durch. Die Stelle konnte aber wieder zugeschüttet werden.

Borkum war früher die Insel der Walfänger. Noch heute erzählen Zäune aus Walkieferknochen von dieser Zeit.

Walknochenzaun auf Borkum

Junior Ranger im Einsatz im Watt vor der Ostfriesischen Küste

Das Watt vor der niedersächsischen Küste ist eine einzigartige Landschaft. Hier fressen sich unzählige Zugvögel richtig satt, bevor sie auf ihre weiten Reisen gehen. Deshalb steht das Watt unter Schutz und wurde zum Weltnaturerbe erklärt. Der **Nationalpark Wattenmeer** wird von den Gezeiten geprägt, dem Wechsel von Ebbe und Flut. An der Nordsee passiert das zweimal innerhalb von 24 Stunden und 50 Minuten. Die Gezeiten verschieben sich also pro Tag um 50 Minuten.

Nun sind wir schon am Ende unserer Entdeckungstour durch Niedersachsen angelangt. Vielleicht sehen wir uns ja noch bei einem Wattspaziergang? Wir suchen uns jetzt jedenfalls einen Wattführer, der uns noch mehr über Ebbe und Flut und die Tierwelt im Watt erzählen kann.

Bis bald!

Die Geschichte Niedersachsens

Vor 300 000 Jahren In der Altsteinzeit durchstreifen Vorfahren des Neandertalers die waldreiche Landschaft. Von ihnen stammen die ältesten Jagdwaffen der Welt, Wurfspeere aus Holz, die bei Schöningen entdeckt wurden. Stell dir vor, wie Menschen mit diesen Waffen Jagd auf Wildpferde machten …

5500 vor Christus In Südniedersachsen entstehen die ersten Siedlungen. Aus Jägern und Sammlern werden sesshafte Bauern.

1500 vor Christus In der Bronzezeit lernen die Menschen, Waffen und Gegenstände aus Bronze anzufertigen.

Um Christi Geburt Alarm! Die Römer rücken nach Norden und Osten vor. Es kommt zu erbitterten Kämpfen mit der germanischen Bevölkerung. Eine berühmte Schlacht ist die gegen Varus im Jahr 9 n. Chr., in der die Römer besiegt werden. Später gilt das Gebiet des heutigen Niedersachsen als Sachsenland. Der Name leitet sich vermutlich vom Sax ab, dem kurzen Hiebschwert der sächsischen Krieger.

Um 780 Das Herrschaftsgebiet der Sachsen besitzt im 8. Jahrhundert seine größte Ausdehnung. Da mischt sich Karl der Große (747/748–814) ein. Der König des Fränkischen Reiches und römische Kaiser will sein Reich weiter vergrößern und das Christentum verbreiten. Widukind führt den Widerstand der Sachsen gegen Karl an, unterliegt aber schließlich. Die nächsten 300 Jahre haben die Franken das Sagen.

12. und 13. Jahrhundert Das Adelsgeschlecht der Welfen tritt auf den Plan: Sie stellen die Herzöge von Sachsen, später die Herzöge von Braunschweig-Lüneburg. Einer von ihnen ist Heinrich der Löwe (gestorben 1195). Er macht Braunschweig zu seiner Residenz und baut viele andere Städte aus und fördert sie. Auch Hannover lässt er vergrößern und befestigen. In dieser Zeit schließen sich viele Städte, darunter Braunschweig, Lüneburg und Stade, auf Betreiben ihrer Kaufleute dem Bund der Hanse an.

1517–1648 Die Reformation verändert Kirche und Gesellschaft. In Deutschland ist Martin Luther ihr wichtigster Anführer. Ursprüngliches Ziel war es, die römisch-katholische Kirche zu erneuern. Am Ende der Reformation 1648 war die Kirche jedoch gespalten, drei wesentliche Glaubensrichtungen hatten sich herausgebildet: katholisch, lutherisch und reformiert. Welcher Kirche die Menschen angehörten, war vom jeweiligen Landesherrn abhängig. In Niedersachsen existieren bis heute regionale Schwerpunkte.

1648 In Osnabrück wird der Westfälische Friede geschlossen; er beendet den Dreißigjährigen Krieg, der 1618 begonnen hatte. Einer der Auslöser des Krieges war der Streit um die »richtige« Glaubensausrichtung.

17. Jahrhundert Der Einfluss von Kaufleuten und Bürgern schwindet, der Adel gewinnt erneut an Macht. Die Lage wird unübersichtlich: Es gibt unzählige kleine und größere Herrscher, die streng über ihre Territorien wachen. Eines ist das Kurfürstentum Braunschweig-Lüneburg, eine der Keimzellen des späteren Niedersachsen.

1714–1837 1714 beginnt zwischen Großbritannien und Hannover die Personalunion: Weil ein britischer Thronfolger fehlt, wird der mit dem britischen Königshaus verwandte Kurfürst von Braunschweig-Lüneburg, dessen Residenzstadt Hannover ist, zum König von Großbritannien. Georg I. und seine vier Nachfolger sitzen bis 1837 auf dem britischen Thron. Sie regieren zwei getrennte Länder, die nur durch die Person der Herrscher verbunden sind.

1814 Mit Napoleon (1769–1821) und seinen Eroberungsfeldzügen verändert sich die politische Landkarte erneut. Am Ende werden in fast ganz Europa die Grenzen neu festgelegt. Das geschieht auf dem Wiener Kongress. Dort wird 1814 das im Jahr zuvor zum Königreich erhobene Hannover als Nachfolgestaat des Kurfürstentums Braunschweig-Lüneburg ausgerufen.

19. Jahrhundert Die industrielle und ländliche Entwicklung schreitet voran. Eisenbahnstrecken und große Fabriken entstehen. Auf dem Gebiet des späteren Niedersachsen spielen vor allem Berg- und Tagebau sowie die Stahlindustrie eine wichtige Rolle. Dadurch gewinnt der Bau von Maschinen an Bedeutung. 1871 entsteht in Hannover das Unternehmen Hanomag, die Hannoversche Maschinenbau AG. Hier werden z. B. Lokomotiven und Lastkraftwagen produziert, später dann Kriegsgüter wie Kanonen und Panzer.

1914–1918 Der Erste Weltkrieg fordert im späteren Niedersachsen unzählige Menschenleben. Dörfer und Städte verlieren einen Großteil ihrer männlichen Einwohner. Davon zeugen heute noch die Denkmäler für die Gefallenen, die es in fast jedem Ort gibt. Während des Krieges übernehmen Frauen die Arbeit, die sonst die Männer getan haben.

1939–1945 Der Zweite Weltkrieg treibt Europa an den Abgrund. Er beginnt am 1. September 1939 mit dem deutschen Angriff auf Polen, auch in der Absicht, die im Ersten Weltkrieg an Polen verlorenen Gebiete zurückzuerobern. Der Angriff wird auf Befehl von Adolf Hitler ausgeführt. Hitler und seinen Anhängern, den Nationalsozialisten, ist es 1933 gelungen, in Deutschland die Macht zu übernehmen. Damals herrschte eine weltweite Wirtschaftskrise. Sehr viele Menschen in Deutschland sind arbeitslos, ohne Geld und Hoffnung. Die radikale Haltung der Nationalsozialisten spricht sie an: Die Nationalsozialisten behaupten, dass die Deutschen »Herrenmenschen« und allen anderen Menschen überlegen seien. Vor allem die Juden erklären sie zu ihren Feinden. Mehr als sechs Millionen Menschen, darunter auch überzeugte Christen, Behinderte, Sinti, Roma, Homosexuelle und politische Gegner, werden von ihnen ermordet. Bis 1945 weitet sich der Krieg auf so viele Länder aus, dass man vom Zweiten Weltkrieg spricht. Dann ist Deutschland besiegt, Hitler begeht Selbstmord. Im Mai 1945 herrscht endlich Frieden.
Deutschland wird nun von den Siegermächten Großbritannien, USA, Sowjetunion und Frankreich verwaltet und ist in verschiedene Besatzungszonen aufgeteilt. Der Nordwesten gehört zur britischen Besatzungszone.

1946 Am 1. November 1946 entsteht offiziell das Land Niedersachsen. Es wird von der britischen Militärregierung aus den Ländern Hannover, Braunschweig, Schaumburg-Lippe und Oldenburg gebildet.

1949 Als im Jahr 1949 die Bundesrepublik Deutschland entsteht, gehören noch nicht alle Bundesländer dazu, die wir heute haben. Niedersachsen jedoch ist von Anfang an dabei.

Museen und Erlebniswelten

Hier findest du die Adressen der Museen und Erlebniswelten, die wir auf unseren Streifzügen durch die Regionen Niedersachsens entdeckt haben. Es gibt natürlich noch viele weitere Museen; schau einfach mal im Internet auf der Seite des Museumsverbandes für Niedersachsen und Bremen nach: *www.mvnb.de*

Landesmuseen

Braunschweigisches Landesmuseum
Burgplatz 1, 38100 Braunschweig
www.landesmuseum-bs.de

Landesmuseum Natur und Mensch Oldenburg
Damm 38–44, 26135 Oldenburg
www.naturundmensch.de

Niedersächsisches Landesmuseum
Willy-Brandt-Allee 5, 30169 Hannover
www.landesmuseum-hannover.niedersachsen.de

Niedersächsisches Landesmuseum für Kunst und Kulturgeschichte Oldenburg
Damm 1, 26135 Oldenburg
www.landesmuseum-oldenburg.niedersachsen.de

Südniedersachsen

Autostadt Wolfsburg
Stadtbrücke, 38440 Wolfsburg
www.autostadt.de

Grenzlandmuseum Eichsfeld
Duderstädter Straße 5, 37339 Teistungen
www.grenzlandmuseum.de

Münchhausen-Museum
Münchhausenplatz 1,
37619 Bodenwerder
www.muenchhausenland.de

paläon – Forschungs- und Erlebnis-zentrum Schöninger Speere
Paläon 1, 38364 Schöningen
www.palaeon.de

Phaeno Erlebnislandschaft
Willy-Brandt-Platz 1, 38440 Wolfsburg
www.phaeno.de

Städtisches Museum Schloss Salder
Museumstraße 34, 38229 Salzgitter
www.salzgitter.de/stadtleben/kultur/museum/

Weltkulturerbe Rammelsberg
Museum & Besucherbergwerk
Bergtal 19, 38640 Goslar
www.rammelsberg.de

Region um Hannover

Deutsches Pferdemuseum
Holzmarkt 9, 27283 Verden (Aller)
www.dpm-verden.de

Dinosaurier-Park Münchehagen
Alte Zollstraße 5,
31547 Rehburg-Loccum
www.dinopark.de

Museum Wilhelm Busch
Deutsches Museum für Karikatur und Zeichenkunst
Georgengarten, 30167 Hannover
www.karikatur-museum.de

Wilhelm Busch Geburtshaus
Hauptstraße 68 a, 31719 Wiedensahl
www.wilhelm-busch-geburtshaus.de

Lüneburger Heide und Wendland

Archäologisches Zentrum Hitzacker
Elbuferstraße 2–4, 29456 Hitzacker
www.archaeo-zentrum.de

Museum Lüneburg
Wandrahmstraße 10, 21335 Lüneburg
www.museumlueneburg.de

Salzmuseum
Sülfmeisterstraße 1, 21335 Lüneburg
www.salzmuseum.de

Elbe-Weser-Dreieck

Deutsches Auswandererhaus Bremerhaven
Columbusstraße 65, 27568 Bremerhaven
www.dah-bremerhaven.de

Große Kunstschau Worpswede
Lindenallee 5, 27726 Worpswede
www.grosse-kunstschau.de

Hapag Halle Cuxhaven
Albert-Ballin-Platz 1, 27472 Cuxhaven
www.hapaghalle-cuxhaven.de

Schwedenspeicher Stade
Wasser West 39, 21682 Stade
www.museen-stade.de/schwedenspeicher/

Region Weser-Ems

Burg Bentheim
Schloss, 48455 Bad Bentheim
www.burg-bentheim.de

Deutsches Marinemuseum
Südstrand 125, 26382 Wilhelmshaven
www.marinemuseum.de

Emsland Moormuseum Geeste – Groß Hesepe
Geestmoor 6, 49744 Geeste
www.moormuseum.de

Gedenkstätte Esterwegen
Hinterm Busch 1
26897 Esterwegen
www.gedenkstaette-esterwegen.de

Museumsdorf Cloppenburg
Bether Straße 6, 49661 Cloppenburg
www.museumsdorf.de

UNESCO-Weltnaturerbe Wattenmeer Besucherzentrum
Südstrand 110b, 26382 Wilhelmshaven
www.wattenmeer-besucherzentrum.de

Varusschlacht im Osnabrücker Land – Museum und Park Kalkriese
Venner Straße 69, 49565 Bramsche
www.kalkriese-varusschlacht.de

Ostfriesland

Ostfriesisches Teemuseum Norden
Am Markt 36, 26506 Norden
www.teemuseum.de

Seehundstation Nationalpark-Haus
Dörper Weg 24, 26506 Norden
www.seehundstation-norddeich.de

Steinhaus Bunderhee
Steinhausstraße 64, 26831 Bunde
www.ostfriesischelandschaft.de/352.html

WUZ Wallhecken-Umwelt-Zentrum Ostfriesland
Feldstraße 11, 26789 Leer
www.wallhecken.de/wuz.html

Register

Lösungen

Seite 5: Niedersachsen erstreckt sich über rund 47 600 Quadratkilometer.

Seite 8: Ein solcher Geldschein mit Carl Friedrich Gauß darauf ist leider nicht mehr gültig: Gauß war auf den alten 10-Mark-Scheinen abgebildet.

Seite 15: Weil schon kleinste Spuren von Schweiß oder Fett das alte Papier schädigen können, darf es nur mit Baumwollhandschuhen angefasst werden.

Seite 17: Die Luft, die aus den Ballons entweicht, lässt die Autos davonsausen.

Seite 19: Erdbeeren natürlich!

Seite 23: Na klar! Mittwochs ist traditionell Familien- und Kindertag auf dem Schützenfest Hannover.

Seite 24: Für jede Schuhgröße und die verschiedenen Schuhmodelle werden eigene Leisten gefertigt.

Seite 30: Früher war das Einsalzen eine der wenigen Möglichkeiten, Lebensmittel haltbar zu machen. Salz war so wertvoll wie Gold.

Seite 33: Man kann! Experimentelle Archäologie beschäftigt sich mit der Frage, wie die Dinge früher funktionierten. Nachbauen und ausprobieren: Das ist Geschichte zum Anfassen!

Seite 39: Offiziell heißt der kleine Ort tatsächlich Himmelpforten, hat sich selbst aber auch den Namen Christkinddorf gegeben.

Seite 49: Der römische Feldherr Varus kämpfte gegen den Cherusker Arminius. Der wurde später auch Hermann genannt.

Seite 56: Die braunrote Farbe, die Krabben beim Kochen bekommen, erinnert an den Schmuckstein Granat.